车主热线365丛书

轻轻松松考驾照

——新手学车图解全攻略

主　编　张　鹏　宋传平
副主编　董　魁　齐玉梅
参　编　肖文卓　肖银培　李生涛　宋全国
　　　　张青勇　李德发　朱聪功　李文明
主　审　焦　全

机械工业出版社

本书以学习汽车驾驶的新学员为对象，严格按照《机动车驾驶证申领和使用规定》最新要求，对申领机动车驾驶证考试的科目进行编排，详尽地介绍了轻松学习汽车驾驶、顺利通过考试的方法和技巧。主要内容包括考生拿证，道路交通安全法律、法规和相关知识，汽车驾驶科目二考试，汽车驾驶科目三考试——道路驾驶技能，汽车驾驶科目三考试——安全文明驾驶常识等。

本书内容新颖、深入浅出、图文并茂，集知识性、指导性、趣味性、实用性于一体，使新学员能够迅速地掌握汽车驾驶技能，顺利考取机动车驾驶证，是广大新手学习汽车驾驶不可多得的参谋和助手。

图书在版编目（CIP）数据

轻轻松松考驾照：新手学车图解全攻略/张鹏，宋传平主编. —北京：机械工业出版社，2013.6
（车主热线365丛书）
ISBN 978-7-111-42215-0

Ⅰ.①轻…　Ⅱ.①张…②宋…　Ⅲ.①汽车驾驶员－资格考试－自学参考资料　Ⅳ.①U471.3

中国版本图书馆CIP数据核字（2013）第079489号

机械工业出版社（北京市百万庄大街22号　邮政编码100037）
策划编辑：陈玉芝　责任编辑：陈玉芝　林运鑫
版式设计：霍永明　责任校对：卢惠英
责任印制：杨　曦
北京双青印刷厂印刷
2013年7月第1版第1次印刷
169mm×239mm・10印张・8插页・189千字
0 001－4 000册
标准书号：ISBN 978-7-111-42215-0
定价：33.00元

凡购本书，如有缺页、倒页、脱页，由本社发行部调换

电话服务	网络服务
社服务中心：(010)88361066	教材网：http://www.cmpedu.com
销售一部：(010)68326294	机工官网：http://www.cmpbook.com
销售二部：(010)88379649	机工官博：http://weibo.com/cmp1952
读者购书热线：(010)88379203	**封面无防伪标均为盗版**

前言

PREFACE

随着人们生活水平的不断提高和我国汽车工业的快速发展，汽车正逐渐成为我们生活中必不可少的组成部分。它改善了人们的出行方式，扩大了人们的活动空间，提高了人们的生活质量，推动了社会的文明进步。为了满足广大初学车者对汽车驾驶技能的追求，帮助大家更好地实现“汽车梦”，成为一名合格的汽车驾驶员，我们特编写了本书。

本书围绕学习汽车驾驶的新学员如何顺利考取驾驶证、安全快速上路这一主题，按照《中华人民共和国机动车驾驶员培训教学大纲》的内容要求，根据驾驶技能的形成规律，分为考试拿证，道路交通安全法律、法规和相关知识，汽车驾驶科目二考试，汽车驾驶科目三考试——道路驾驶技能，汽车驾驶科目三考试——安全文明驾驶常识五章。本书配以实景图片、漫画图片，以独特的风格、创新的表述，使读者能看得懂、读得顺、学得会、记得牢、用得上、处理得当，高效快捷地掌握汽车驾驶技术，顺利通过驾照考试，领到一本使您生活步入新境界的机动车驾驶证。

本书适用于准备和初次学习驾驶机动车的人员。它可以为读者提供必须掌握的知识和技能、如何申请考试、考试要求和技巧、经常容易犯的错误等内容，帮助读者取得好的学习效果。本书也适用于机动车教练员，使之能正确地掌握培训的重点、应知应会的内容，提高培训的质量和考试水平，为社会输送合格的机动车驾驶员。本书是一本从丰富的实践中总结出来的有实用价值的书籍。

本书由张鹏、宋传平任主编，董魁、齐玉梅任副主编，参加编写工作的还有肖文卓、肖银培、李生涛、宋全国、张青勇、李德发、朱聪功、李文明，全书由焦全主审。全书编写分工是：张鹏执笔第一、五章，董魁执笔第二章，宋传平执笔第三、四章，齐玉梅执笔附录，其余人员执笔常用交通标志与标线。

由于编者水平有限，书中错误和不当之处在所难免，诚请广大读者朋友批评指正。

编　者

目录

CONTENTS

第二章 道路交通安全法律、法规和相关知识

第三章 汽车驾驶科目二考试

第四章 汽车驾驶科目三考试——道路驾驶技能

第五章 汽车驾驶科目三考试——安全文明驾驶常识

附　录

常用交通标志与标线

第一章 1

考试拿证

1

一、驾驶员考证有哪些考试科目？

机动车驾驶人考试内容分为道路交通安全法律、法规和相关知识考试科目（以下简称“科目一”），场地驾驶技能考试科目（以下简称“科目二”），道路驾驶技能和安全文明驾驶常识考试科目（以下简称“科目三”）。考试顺序按照科目一、科目二、科目三依次进行，前一科目考试合格后，方准参加后一科目的考试。考试科目内容及合格标准全国统一，根据不同准驾车型规定相应的考试项目，本书主要针对小型汽车的考试项目进行介绍。

科目一考试题库的结构和基本题型由公安部制定，省级公安机关交通管理部门结合本地实际情况建立本省（自治区、直辖市）的考试题库。

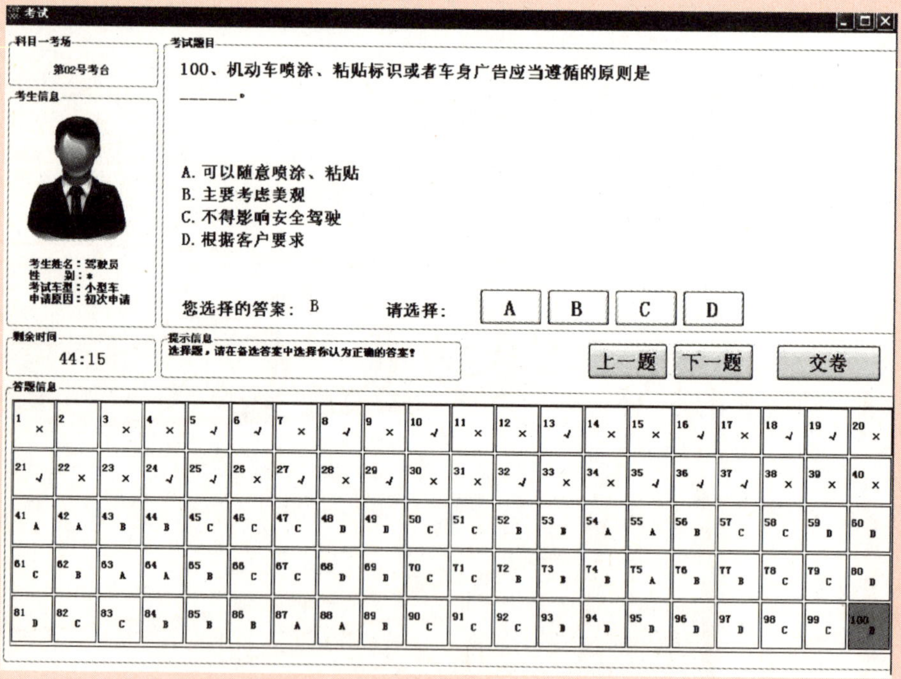

考试题库

科目二考试项目包括：倒车入库、坡道定点停车和起步、侧方停车、曲线行驶、直角转弯。

科目二考试

科目三考试基本项目包括：考试上车准备、起步、直线行驶、加减挡位操作、变更车道、靠边停车、直行通过路口、路口左转弯、路口右转弯、通过人行横道线、通过学校区域、通过公共汽车站、会车、超车、掉头、夜间行驶。

科目三安全文明驾驶常识考试内容包括：安全文明驾驶操作要求、恶劣气象和复杂道路条件下的安全驾驶知识、爆胎等紧急情况下的临危处置方法以及发生交通事故后的处置知识等。

科目三考试

二、科目一考试内容及合格标准是什么？

1. 考试目标

1）熟练掌握各类道路条件下的通行规则；熟练掌握驾驶证申领和使用的有关规定；熟知相关权利、义务和法律责任；掌握其他法律、法规和规章中与道路交通安全有关的主要规定。

2）掌握地方性法规的重点内容。

3）熟练掌握各类道路交通信号的种类、识别和作用。

4）掌握正确驾驶行为要领；掌握主要交通安全违法行为情形、法律责任的基本知识。

5）掌握机动车主要仪表、指示灯和操纵、安全装置的基本知识。

2. 考试项目

1）道路交通安全法律、法规和规章。

2）地方性法规。

3）交通信号。

4）安全行车、文明驾驶基础知识。

5）机动车驾驶操作相关基础知识。

3. 合格标准

科目一考试试卷由100道题目组成，题型为判断题和单项选择题，满分100分，90分合格。

三、科目二考试内容及合格标准是什么？

1. 考试目标

1）掌握基础的驾驶操作要领。

2）具备合理使用车辆操纵机件、正确控制车辆运动空间位置的能力。

3）能够准确地控制车辆的行驶位置、速度和路线。

2. 考试项目

倒车入库、坡道定点停车和起步、侧方停车、曲线行驶、直角转弯。

3. 合格标准

训练和考试均为 5 项，满分为 100 分，成绩达到 80 分的为合格。

四、科目三道路驾驶技能考试内容及合格标准是什么？

1. 考试目标

1）熟练掌握各类道路和夜间驾驶方法。

2）具备自觉遵守交通法规、有效处置随机交通状况、无意识合理操纵车辆的能力，做到安全、文明、谨慎驾驶。

2. 考试项目

考试上车准备、起步、直线行驶、加减挡位操作、变更车道、靠边停车、直行通过路口、路口左转弯、路口右转弯、通过人行横道线、通过学校区域、通过公共汽车站、会车、超车、掉头、夜间行驶 16 个项目。对于小型汽车，抽取不少于 20% 进行夜间考试；不进行夜间考试的，进行模拟夜间灯光使用考试。

3. 合格标准

考试里程不少于 3km，考试满分为 100 分，成绩达到 90 分的为合格。

五、科目三安全文明驾驶常识考试内容及合格标准是什么？

1. 考试目标

1）能够独立对各类典型事故案例进行分析，总结经验教训，了解常见违法行为和不文明行为。

2）熟练掌握安全驾驶知识，强化安全、谨慎驾驶意识。

3）熟练掌握文明驾驶知识，强化文明、礼让驾驶意识。

4）具备实际道路驾驶时辨识、遵守各类道路交通信号的能力。

5）熟练掌握恶劣气象和复杂道路条件下的安全驾驶知识，能够根据不同的道路交通状况安全驾驶。

6）熟练掌握紧急情况下的临危处置方法，掌握应对各类突发紧急情况的基本知识。

7）掌握发生交通事故后现场处置方法、伤员自救常识和常见危险化学品名称、特性等常识。

8）掌握根据本地实际确定的安全文明驾驶常识。

2. 考试项目

1）违法行为综合判断与案例分析。

2）安全行车常识。

3）驾驶职业道德和文明驾驶常识。

4）常见交通标志、标线和交警手势辨识。

5）恶劣气象和复杂道路条件下驾驶常识。

6）紧急情况下避险常识。

7）交通事故救护及常见危险化学品处置常识。

8）地方试题。

3. 合格标准

考试试卷由50道题目组成，题目以案例、图片、动画等形式为主，题型为判断题、单项选择题和多项选择题，满分100分，90分合格。

六、科目二通用评判是什么？

（1）考试时出现下列情形之一的，考试不合格：

1）不按规定使用安全带或者戴安全头盔的。

2）遮挡、关闭车内视频监控设备的。

3）不按考试员指令驾驶的。

4）不能正确使用灯光、刮水器等车辆常用操纵杆的。

5）起步时车辆后溜距离大于30cm的。

6）驾驶汽车双手同时离开方向盘的。

7）使用挡位与车速长时间不匹配，造成车辆发动机转速过高或过低的。

8）车辆在行驶中低头看挡位或连续两次挂挡不进的。

9）行驶中空挡滑行的。

10）视线离开行驶方向超过 2s 的。

11）违反交通安全法律、法规，影响交通安全的。

12）不按交通信号灯、标志、标线或者交警指挥信号行驶的。

13）不按规定速度行驶的。

14）车辆行驶中骑轧车道中心实线或者车道边缘实线的。

15）长时间骑轧车道分界线行驶的。

16）对可能出现危险的情形未采取减速、鸣喇叭等安全措施的。

17）因观察、判断或者操作不当出现危险情况的。

18）行驶中不能保持安全距离和安全车速的。

19）行驶中身体任何部位伸出车外的。

20）制动、加速踏板使用错误的。

21）考生未按照预约考试时间参加考试的。

（2）考试时出现下列情形之一的，扣 10 分：

1）驾驶姿势不正确的。

2）起步时车辆后溜距离小于 30cm 的。

3）操纵方向盘手法不合理的。

4）起步或行驶中挂错挡，不能及时纠正的。

5）起步、转向、变更车道、超车、停车前不使用或错误使用转向灯的。

6）起步、转向、变更车道、超车、停车前，开转向灯少于 3s 即转向的。

7）转弯时，转、回方向过早、过晚，或者转向角度过大、过小的。

8）换挡时发生齿轮撞击的。

9）遇情况时不会合理使用离合器半联动控制车速的。

10）因操作不当造成发动机熄火一次的。

11）制动不平顺的。

七、科目三通用评判是什么？

（1）考试时出现下列情形之一的，考试不合格：

1）不按规定使用安全带或者戴安全头盔的。

2）遮挡、关闭车内视频监控设备的。

3）不按考试员指令驾驶的。

4）不能正确使用灯光、刮水器等车辆常用操纵杆的。

5）起步时车辆后溜 30cm 的。

6）驾驶汽车双手同时离开方向盘的。

7）单手控制方向盘的时候，不能有效、平稳的控制行驶方向的。

8）车辆行驶方向控制不准确，方向晃动，车辆偏离正确的行驶方向的。

9）不能根据交通状况合理选择行驶车道、速度的。

10）使用挡位与车速长时间不匹配，造成车辆发动机转速过高或过低的。

11）车辆在行驶中低头看挡或连续两次挂挡不进的。

12）行驶中空挡滑行的。

13）视线离开行驶方向超过 2s 的。

14）违反交通安全法律、法规，影响交通安全的。

15）不按交通信号灯、标志、标线或者交警指挥信号行驶的。

16）不按规定速度行驶的。

17）车辆行驶中轧车道中心实线或者车道边缘实线的。

18）长时间骑轧车道分界线行驶的。

19）争道抢行，妨碍其他车辆正常行驶的。

20）行驶中不能保持安全距离和安全车速的。

21）连续变换两条或两条以上车道的。

22）通过积水路面遇行人、非机动车时，有不减速等不文明驾驶行为的。

23）遇行人通过人行横道不停车让行，不主动避让优先通过车辆、行人、非机动车的。

24）将车辆停在人行横道、网状线内等禁止停车区域的。

25）行驶中身体任何部分伸出窗外的。

26）制动、加速踏板使用错误的。

27）对可能出现的危险情形未采取减速、鸣喇叭等安全措施的。

28）因观察、判断或者操纵不当出现危险情况的。

29）考生未按照预约考试时间参加考试的。

（2）考试时出现下列情形之一的，扣 10 分：

1）驾驶姿势不正确的。

2）起步时车辆后溜距离小于 30cm 的。

3）操纵方向盘手法不合理的。

4）起步或行驶中挂错挡，不能及时纠正的。

5）起步、转向、变更车道、超车、停车前不使用或错误使用转向灯的。

6）起步、转向、变更车道、超车、停车前，开转向灯少于 3s 即转向的。

7）转弯时，转、回方向过早、过晚，或者转向角度过大、过小的。

8）换挡时发生齿轮撞击的。

9）遇情况时不会合理使用离合器半联动控制车速的。

10）因操作不当造成发动机熄火一次的。

11）不能根据交通情况合理使用喇叭的。

12）制动不平顺的。

13）遇后车发出超车信号，不按规定让行的。

八、驾照考试的基本流程是什么？

国家规定考取驾驶证必需的程序，如图所示。一般情况下，您只要报考正规的驾校，驾校会给您指导并且替您安排各个步骤的联系过程和时间流程，省去了许多麻烦。

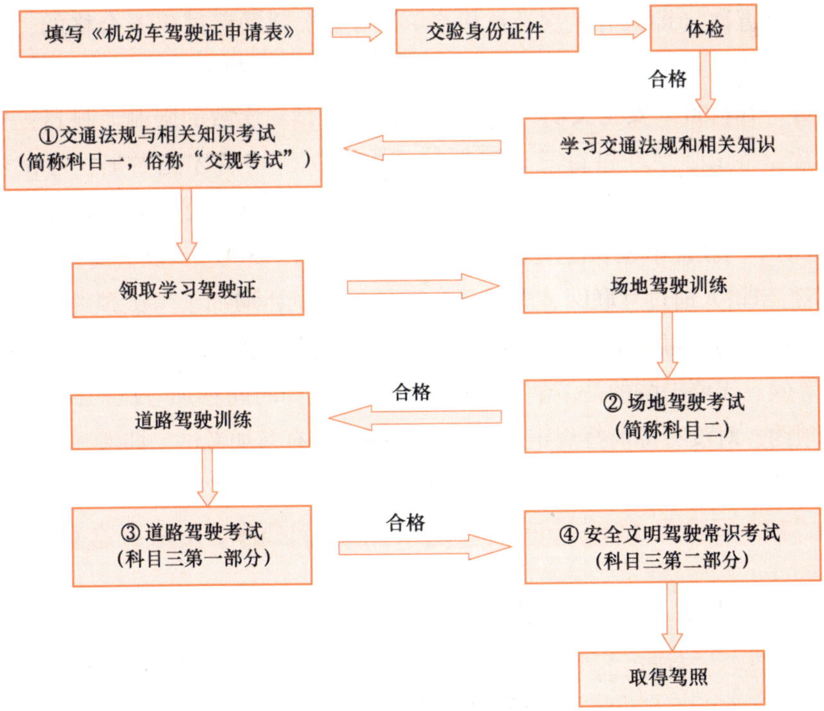

驾照考试基本流程

1

九、申请人预约考试科目二有什么要求？

初次申请机动车驾驶证或者申请增加准驾车型的，科目一考试合格后，车辆管理所应当在一日内核发驾驶技能准考证明。驾驶技能准考证明的有效期为三年，申请人应当在有效期内完成科目二和科目三考试。未在有效期内完成考试的，已考试合格的科目成绩作废。

初次申请机动车驾驶证或者申请增加准驾车型的，申请人预约考试科目二，应当符合以下规定：在取得驾驶技能准考证明满十日后预约考试。

十、学员预约考试次数有什么新规定？

三个科目按顺序分别预约考试，每个科目预约后可以考试一次、补考一次。不参加补考或者补考仍不合格的，应当重新预约考试。

驾驶技能准考证明有效期内，科目二和科目三道路驾驶技能考试的预约次数各不得超过五次（即共有十次考试机会）。第五次预约考试仍不合格的，已考试合格的其他科目成绩作废，学员需要重新从科目一开始考试。

科目一和科目三安全文明驾驶常识考试没有预约次数的限制。科目三安全文明驾驶常识考试必须在科目三道路驾驶技能考试合格后才能参加，考试不合格的，可以直接申请补考，之前已通过的道路驾驶技能考试合格成绩有效。

《机动车驾驶证申领和使用规定》（公安部令第 123 号），以下简称为“123 号令”，实行申请人通过互联网、电话等自助预约考试，增加了考试预约方式，方便学员根据自己的学习、工作和生活安排预约考试时间，避免到车辆管理所办理造成的排队等候。需要提醒的是，学员因故不能按照预约时间参加考试的，应当提前 1 天取消预约。对没有提前按规定取消预约的视为没有参加考试，即考试不合格。

十一、“123 号令”实施前已报名但未完成考试的学员按什么标准考试？

“123 号令”实施前已合格的考试成绩（包括桩考）仍然有效。2013 年 1 月 1 日起，科目一、科目二、科目三考试全部按照新的考试内容和标准进行考试。对 2013 年 1 月 1 日之前通过科目二桩考、未完成科目二其他项目考试的，1 月 1 日以后继续参加科目二考试时，可以不再参加桩考或倒车入库项目的考试。

十二、考试成绩有何规定？

科目一考试合格以后，车辆管理所将为学员核发驾驶技能准考证明，学员凭此证明参加科目二、科目三的训练和考试，原来规定驾驶技能准考证明有效期为2年。为使学员有更充足的时间参加驾驶培训和考试，“123号令”规定将驾驶准考证明有效期延长至3年。“123号令”实施后，本着从宽、便民原则，对2013年1月1日之前已取得的驾驶技能准考证明，2013年1月1日后仍然有效的，有效期由2年也调整为3年。

科目一考试一次，可以补考一次。补考仍不合格的，本科目考试终止，申请人可以重新申请考试。在驾驶技能准考证明有效期内，科目二和科目三道路驾驶技能预约考试的次数不得超过5次。第5次考试仍不合格的，已考试合格的其他科目成绩作废。

各科目考试结果应当当场公布，并出示成绩单。考试不合格的，应当说明不合格的原因。每个科目的考试成绩单应当有申请人和考试员的签名，未签名的不得核发机动车驾驶证。

申请人在考试过程中有舞弊行为的，取消本次考试资格，已经通过考试的其他科目成绩无效。

十三、考试前应做好哪些准备？

（1）接受考核环境　对考核路线采取的原则是使用与教练路线不同的另一个场地路线，或者是在不进行教练的那一天进行考核。但是，有时在妨碍考核的情况下，可以同时使用与教练车同一个场地路线进行考核。

（2）关于服装的问题　如果穿、戴了不适合于驾驶车辆的服装，有时也会被拒绝参加考核。例如，穿了凉鞋、高跟鞋、拖鞋及长筒靴等。

（3）关于准备失误的问题　关于像服装那样一看就十分明了的过失，应当明确地指出来或者提醒注意，但是，关于一些外表上表现不出来的过失问题，在无意之中往往注意不到。例如，座椅位置调节不合适、没有系安全带等现象，应引起注意。有时，主考员说“如果准备好了，请出发”，但是，“椅子的位置怎么样？”类似这样的细节没有注意到则是常事。其次，对身体条件也必须要充分地注意。

1

十四、考试中如何保持良好的心理素质？

考试时应坚定一种信念：自己的驾驶技能已经达到了一个驾驶员的水准，自己一定能顺利通过驾驶考试。在到达考试之前的一段时间，无论如何也要有这种思想准备。当这种情绪遍及你全身时，才能沉着冷静地适应考核。

（1）主考员就是协助者　主考员不是法庭的审判官，他是协助你的人。如果以主考员为对手，具有对抗意识，则不仅会过分地担心忧虑，而且开车也会自始至终不顺利。

（2）清楚响亮地回答指示　对主考员的指示一定要清楚响亮地回答"是"。这不仅仅因为礼节方面的理由，而且通过这样做可以创造顺利地过渡到下一个操作的兴致。

（3）专心操作　汽车驾驶由出发、停止、前进、后退、右拐、左拐的目的操作及加速、减速的准备操作所组成。如果把注意力都倾注在"一心想要合格"、"可得好好做啊"等这种操作以外的地方上去，则会陷入"急躁作业"。如果能够有意识地做到由准备操作向目的操作的转移，则更容易合格。

道路考试口诀

上车喊报告！
拉门出左脚，坐好叫考官，面带梨涡笑。
关门深呼吸，坐姿要摆好。
查看空挡位，点火要轻柔。
方向别忘了，挂挡要干脆，手刹[㊀]要放掉。
起步问考官，多看后视镜，喇叭来欢叫。
离合器放松，做好半联动，出发要稳当，别让考官晃！
换挡要及时，加挡要迅速，遇人要制动，可别过了头。
转弯要减速，立即减下挡，多看多停顿，安全放心中。
肩膀要放松，双手放到位，神态要自然，莫因考官慌。
自己有信心，艰辛都不怕，胆大又心细，礼貌别忘了。
只要牢记着，考试准能过！

㊀ 手刹是俗称，标准术语叫做驻车制动器。

十五、如何有效发挥考试中的技能？

（1）对实力再次确认　考试是对技能能否正常发挥而进行的一种确认，绝对不是要求特殊的驾驶能力，所以可以放心地去适应。除了场内路线上所见情况与要求注意的事项不一样以外，其他方面均与学完一门课程的考试完全相同。

（2）路上驾驶的自信心　有些学员平时学车的时候感觉很好，跑车路线上的环境一眼就能环视清楚。但一考试时，就会产生一种不安感，心理紧张，缺乏自信心。因此，要想考好试，就要能保持平常的情绪去开车，也就不会因视野范围内路上的变故而应付不了。

（3）应该轻轻松松地转动方向盘　在你总是考虑要沉着冷静的时候，实际上你还没有沉着冷静下来。如果你总是保留那样的情绪来接受考核，则对状况的判断操作都将有误。这是因为，平时这种操作虽然算不了什么，但是被“考试”、“测试”这种意识干扰，就会把感觉、判断、行动之间的关系彻底打乱。如果因障碍物而感到危险，必须首先降低速度，然后过渡到转动方向盘的操作上去。驾车时精神要高度集中，全身要相对放松，千万不可紧张拘谨，这样才能使思维、动作协调一致，轻轻松松地转动方向盘，驾车而过。

（4）安全确认的要点　安全确认是确定能否安全行驶的一个基本要素，但操作起来不要过于机械，否则不仅容易造成不注意前进方向，而且还会导致下一个操作迟误。当做过一次而不能放心的时候，可酌情再做两次、三次。

（5）恢复到基本练习上来　回顾一下技能的第一阶段到第四阶段，对技能进行一次整理和自我检查，对那些不擅长的地方以及必要性较高的地方，请再用心地一边比划一边弄清楚基本动作，设法以一种安全合格的思想准备来迎接考试。

另外，需要提醒的就是：

1）安全第一，严格遵守交规，注意交通标志，因为考官就是交通警察。

2）开车时稳一些，让考官感觉舒服些，加油、制动都不要过猛。

3）对考官指令反应要快，第一时间打灯，遇到情况脚就放制动器上，你可以不踩，但要有反应，让考官知道你有准备，不要等他帮你踩下。

1

十六、考试合格后什么时间可以领到驾驶证？

申请人在科目三考试合格后，应当接受不少于半小时的交通安全文明驾驶常识和交通事故案例警示教育，并参加领证宣誓仪式，车辆管理所在申请人参加领证宣誓仪式的当日核发机动车驾驶证。增加申请人领证前安全文明驾驶教育、交通事故案例警示教育和宣誓环节，是为了新驾驶人养成文明礼让、安全守法驾驶意识和习惯。

第二章 2

道路交通安全法律、法规和相关知识

2

一、我国道路交通安全法律、法规包括哪些？

我国的道路交通安全法律规范是一个完整的法律体系，其构成包括法律、行政法规、行政规章、地方性法规和地方性规章，见下表。

交通安全法律体系的构成

法律形式	名称	发布机关	适用
法律	道路交通安全法	全国人大常委会	道路交通管理的基本依据
行政法规	道路交通安全法实施条例	国务院	《道路交通安全法》的实施方案
	机动车交通事故责任强制保险条例	国务院	《道路交通安全法》关于实施交强险的实施方案
行政规章	交通事故处理程序规定	公安部	《道路交通安全法》关于道路交通事故处理的实施细则
	道路交通安全违法行为处理程序规定	公安部	《道路交通安全法》关于道路交通安全违法行为处理的实施细则
	机动车登记规定	公安部	《道路交通安全法》关于机动车管理的实施细则
	机动车驾驶证申领和使用规定	公安部	《道路交通安全法》关于机动车驾驶证管理的实施细则

二、道路交通安全法律、法规和规章

1.《中华人民共和国道路交通安全法》相关内容

《中华人民共和国道路交通安全法》自2004年5月1日起施行，并经过两次修订，法规内容日趋完善，有效地减少了道路交通事故。以下仅对汽车驾驶考试中，涉及《道路交通安全法》的部分内容进行介绍。

1）机动车、非机动车实行右侧通行。

2）根据道路条件和通行需要，道路划分为机动车道、非机动车道和人行道的，机动车、非机动车、行人实行分道通行。没有划分机动车道、非机动车道和人行道的，机动车在道路中间通行，非机动车和行人在道路两侧通行。

3）道路划设专用车道的，在专用车道内，只准许规定的车辆通行，其他车辆不得进入专用车道内行驶。

4）车辆、行人应当按照交通信号通行；遇有交通警察现场指挥时，应当按照交通警察的指挥通行；在没有交通信号的道路上，应当在确保安全、畅通的原则下通行。

5）机动车上道路行驶，不得超过限速标志标明的最高时速。在没有限速标志的路段，应当保持安全车速。夜间行驶或者在容易发生危险的路段行驶，以及遇有沙尘、冰雹、雨、雪、雾、结冰等气象条件时，应当降低行驶速度。

6）同车道行驶的机动车，后车应当与前车保持足以采取紧急制动措施的安全距离。有下列情形之一的，不得超车：前车正在左转弯、掉头、超车的；与对面来车有会车可能的；前车为执行紧急任务的警车、消防车、救护车、工程救险车的；行经铁路道口、交叉路口、窄桥、弯道、陡坡、隧道、人行横道、市区交通流量大的路段等没有超车条件的。

7）机动车通过交叉路口，应当按照交通信号灯、交通标志、交通标线或者交通警察的指挥通过；通过没有交通信号灯、交通标志、交通标线或者交通警察指挥的交叉路口时，应当减速慢行，并让行人和优先通行的车辆先行。

8）机动车遇有前方车辆停车排队等候或者缓慢行驶时，不得借道超车或者占用对面车道，不得穿插等候的车辆。

9）在车道减少的路段、路口，或者在没有交通信号灯、交通标志、交通标线或者交通警察指挥的交叉路口遇到停车排队等候或者缓慢行驶时，机动车应当依次交替通行。

10）机动车载人不得超过核定的人数，客运机动车不得违反规定载货。

11）禁止货运机动车载客。货运机动车需要附载作业人员的，应当设置保护作业人员的安全措施。

2.《中华人民共和国道路交通安全法实施条例》相关内容

机动车通行规定主要包括：

1）在道路同方向划有2条以上机动车道的，左侧为快速车道，右侧为慢速车道。在快速车道行驶的机动车应当按照快速车道规定的速度行驶，未达到快速车道规定的行驶速度的，应当在慢速车道行驶。摩托车应当在最右侧车道行驶。有交通标志标明行驶速度的，按照标明的行驶速度行驶。慢速车道内的机动车超越前车时，可以借用快速车道行驶。

在道路同方向划有2条以上机动车道的，变更车道的机动车不得影响相关车道内行驶的机动车的正常行驶。

2）机动车在道路上行驶不得超过限速标志、标线标明的速度。在没有限速标志、标线的道路上，机动车不得超过下列最高行驶速度：

① 没有道路中心线的道路，城市道路为 30km/h，公路为 40km/h。

② 同方向只有 1 条机动车道的道路，城市道路为 50km/h，公路为 70km/h。

3）机动车行驶中遇有下列情形之一的，最高行驶速度不得超过 30km/h，其中拖拉机、电瓶车、轮式专用机械车不得超过 15km/h：

① 进出非机动车道，通过铁路道口、急弯路、窄路、窄桥时。

② 掉头、转弯、下陡坡时。

③ 遇雾、雨、雪、沙尘、冰雹，能见度在 50m 以内时。

④ 在冰雪、泥泞的道路上行驶时。

⑤ 牵引发生故障的机动车时。

3.《道路交通违法行为处理程序规定》相关内容

1）对交通技术监控资料记录的违法行为的处罚可以由违法行为发生地、发现地或者机动车登记地的公安机关交通管理部门管辖。

2）对违法行为人处以罚款或者暂扣机动车驾驶证处罚的，由县级以上公安机关交通管理部门作出处罚决定。

对处以吊销机动车驾驶证处罚的，由设区的市公安机关交通管理部门作出处罚决定。对违法行为人处以行政拘留的，由县、市公安局、公安分局或者相当于县一级的公安机关作出处罚决定。

3）对道路交通违法行为人处以 200 元以下（含）罚款或警告的，可以使用简易程序，由交通警察当场作出处罚决定，并出具行政处罚决定书。

简易程序处罚决定书应当由被处罚人签名、交通警察签名或者盖章、公安机关交通管理部门盖章。当事人拒绝签名的，交通警察应当在简易程序处罚决定书上注明。

将简易程序处罚决定书当场交付被处罚人；当事人拒收的，交通警察应当在简易程序处罚决定书上注明。

4）道路交通安全违法行为处理通知书应当有违法行为人签名、交通警察签名或者盖章、公安机关交通管理部门盖章。当事人拒绝签名的，交通警察应当在道路交通安全违法行为处理通知书上注明。

将道路交通安全违法行为处理通知书当场交付当事人；当事人拒收的，交通警察应当在道路交通安全违法行为处理通知书上注明。制作道路交通安全违法行为处理通知书，可以由一名交通警察实施。

5）行政强制措施凭证应当有当事人签名、交通警察签名或者盖章、公安机关交通管理部门盖章。当事人拒绝签名的，交通警察应当在行政强制措施凭证上注明；将行政强制措施凭证当场交付当事人，当事人拒收的，交通警察应当在行政强制措施凭证上注明。

6）有下列情形之一的，可以扣留机动车驾驶证：

① 饮酒、醉酒后驾驶机动车的。

② 机动车驾驶人将机动车交由未取得机动车驾驶证或者机动车驾驶证被吊销、暂扣的人驾驶的。

③ 机动车行驶超过规定时速 50% 的。

④ 驾驶拼装或者已达到报废标准机动车的。

⑤ 发生重大交通事故，构成犯罪的。

⑥ 在一个记分周期内累积记分达到 12 分的。

4.《道路交通事故处理程序规定》相关内容

1）道路交通事故有下列情形之一的，当事人应当保护现场并立即报警：

① 造成人员死亡、受伤的。

② 发生财产损失事故，当事人对事实或者成因有争议的，以及虽然对事实或者成因无争议，但协商损害赔偿未达成协议的。

③ 机动车无号牌、无检验合格标志、无保险标志的。

④ 载运爆炸物品，易燃易爆化学物品以及毒害性、放射性、腐蚀性、传染病病原体等危险物品车辆的。

⑤ 碰撞建筑物、公共设施或者其他设施的。

⑥ 驾驶人无有效机动车驾驶证的。

⑦ 驾驶人有饮酒、服用国家管制的精神药品或者麻醉药品嫌疑的。

⑧ 当事人不能自行移动车辆的。

2）公路上发生道路交通事故的，驾驶人必须在确保安全的原则下，立即组织车上人员疏散到路外安全地点，避免发生次生事故。驾驶人已因道路交通事故死亡或者受伤无法行动的，车上其他人员应当自行组织疏散。

3）机动车与机动车、机动车与非机动车发生财产损失事故，当事人对事实及成因无争议的，可以自行协商处理损害赔偿事宜。车辆可以移动的，当事人应当在确保安全的原则下对现场拍照或者标划事故车辆现场位置后，立即撤离现场，将车辆移至不妨碍交通的地点，再进行协商。

非机动车与非机动车或者行人发生财产损失事故，基本事实及成因清楚的，当事人应当先撤离现场，再协商处理损害赔偿事宜。

对应当自行撤离现场而未撤离的，交通警察应当责令当事人撤离现场；造成交通堵塞的，对驾驶人处以200元罚款；驾驶人有其他道路交通安全违法行为的，依法一并处罚。

4）当事人自行协商达成协议的，填写道路交通事故损害赔偿协议书，并共同签名。

5）当事人对检验、鉴定结论有异议的，可以在公安机关交通管理部门送达之日起三日内申请重新检验、鉴定，经县级公安机关交通管理部门负责人批准后，进行重新检验、鉴定。重新检验、鉴定应当另行委托检验、鉴定机构或者由原检验、鉴定机构另行指派鉴定人。公安机关交通管理部门应当在收到重新检验、鉴定报告之日起二日内，将重新检验、鉴定报告复印件送达当事人。重新检验、鉴定以一次为限。

6）公安机关交通管理部门应当根据当事人的行为对发生道路交通事故所起的作用以及过错的严重程度，确定当事人的责任。

① 因一方当事人的过错导致道路交通事故的，承担全部责任。

② 因两方或者两方以上当事人的过错发生道路交通事故的，根据其行为对事故发生的作用以及过错的严重程度，分别承担主要责任、同等责任和次要责任。

③ 各方均无导致道路交通事故的过错，属于交通意外事故的，各方均无责任。一方当事人故意造成道路交通事故的，他方无责任。

7）当事人对道路交通事故认定有异议的，可以自道路交通事故认定书送达之日起三日内，向上一级公安机关交通管理部门提出书面复核申请。

8）复核审查期间，任何一方当事人就该事故向人民法院提起诉讼并经法院受理的，公安机关交通管理部门应当终止复核。

9）公安机关交通管理部门应当在作出道路交通事故认定之日起五日内，对当事人的道路交通安全违法行为依法作出处罚。

10）在调解期间有一方当事人向人民法院提起民事诉讼的，或一方当事人无正当理由不参加调解的，或一方当事人调解过程中退出调解的，公安机关交通管理部门应当终止调解，并记录在案。

5.《机动车驾驶证申领和使用规定》相关内容

（1）机动车驾驶证

1）机动车驾驶证有效期分为6年、10和长期。

2）年龄在60周岁以上的，不得驾驶大型客车、牵引车、城市公交车、中型客车、大型货车、无轨电车和有轨电车；年龄在70周岁以上的，不得驾驶低速载货汽车、三轮汽车、普通三轮摩托车、普通二轮摩托车和轮式自行机械车。

（2）申请条件

1）身体条件。

身体条件

申请准驾车型	年龄	身高	视力	辨色力	听力	上肢	下肢	躯干颈部
小型汽车、小型自动挡汽车、残疾人专用小型自动挡载客汽车、轻便摩托车	18周岁以上，70周岁以下	—	两眼裸视力或者矫正视力达到对数视力表4.9以上	无红绿色盲	两耳分别距音叉50cm能辨别声源方向。有听力障碍但佩戴助听设备能够达到以上条件的，可以申请小型汽车、小型自动挡汽车准驾车型的机动车驾驶证	双手拇指健全，每只手其他手指必须有三指健全，肢体和手指运动功能正常	运动功能正常。申请驾驶手动挡汽车，下肢不等长度不得大于5cm。申请驾驶自动挡汽车，右下肢应当健全	无运动功能障碍
低速载货汽车、三轮汽车、普通三轮摩托车、普通二轮摩托车或者轮式自行机械车	18周岁以上，60周岁以下	—						
城市公交车、中型客车、大型货车、无轨电车或者有轨电车	20周岁以上，50周岁以下	155cm以上	两眼裸视力或者矫正视力达到对数视力表5.0以上					
中型客车	21周岁以上，50周岁以下	150cm以上						
牵引车	24周岁以上，50周岁以下	155cm以上						
大型客车	26周岁以上，50周岁以下	155cm以上						

2）有下列情形之一的，不得申请机动车驾驶证：

① 有器质性心脏病、癫痫病、美尼尔氏症、眩晕症、癔病、震颤麻痹、精神病、痴呆以及影响肢体活动的神经系统疾病等妨碍安全驾驶疾病的。

② 三年内有吸食、注射毒品行为或者解除强制隔离戒毒措施未满三年，或者长期服用依赖性精神药品成瘾尚未戒除的。

③ 造成交通事故后逃逸构成犯罪的。

④ 饮酒后或者醉酒驾驶机动车发生重大交通事故构成犯罪的。

⑤ 醉酒驾驶机动车或者饮酒后驾驶营运机动车依法被吊销机动车驾驶证未满五年的。

⑥ 醉酒驾驶营运机动车依法被吊销机动车驾驶证未满十年的。

⑦ 因其他情形依法被吊销机动车驾驶证未满二年的。

⑧ 驾驶许可依法被撤销未满三年的。

⑨ 法律、行政法规规定的其他情形。

未取得机动车驾驶证驾驶机动车，有① 、⑤ ~ ⑦行为之一的，在规定期限内不得申请机动车驾驶证。

3）初次申领机动车驾驶证的，可以申请准驾车型为城市公交车、大型货车、小型汽车、小型自动挡汽车、低速载货汽车、三轮汽车、普通三轮摩托车、普通二轮摩托车、轻便摩托车、轮式自行机械车、无轨电车、有轨电车的机动车驾驶证。

在暂住地初次申领机动车驾驶证的，可以申请准驾车型为小型汽车、小型自动挡汽车、低速载货汽车、三轮汽车的机动车驾驶证。

（3）记分和审验　道路交通安全违法行为累积记分周期（即记分周期）为 12 个月，满分为 12 分，从机动车驾驶证初次领取之日起计算。依据道路交通安全违法行为的严重程度，一次记分的分值为 12 分、6 分、3 分、2 分、1 分五种。

三、认识各种交通信号及其含义

全国实行统一的道路交通信号。道路交通信号包括交通信号灯、交通标志、交通标线和交通警察的指挥。

1. 交通信号灯

交通信号灯分为机动车信号灯、非机动车信号灯、方向指示信号灯、车道信号灯、闪光警告信号灯、道路与铁路平面交叉道口信号灯和人行横道信号灯。

（1）机动车信号灯和非机动车信号灯

1）绿灯。绿灯亮时，准许车辆通行。无论机动车还是非机动车，凡是面向绿灯信号的均可以直行，也可以左、右转弯，但不准在有信号灯指挥的路口内掉头。在绿灯亮期间进入路口的车辆应该让已经在路口内的车辆和正在人行横道内的行人优先通行。转弯的车辆不准妨碍直行的车辆和被放行的行人通行。

2）黄灯。黄灯亮时，不准车辆通行，但已越过停止线的车辆可以继续通行。右转弯车辆和T形路口右边无横道的直行车辆，遇有黄灯时，在不妨碍被放行车辆和行人通行的情况下，可以通行。

2013年1月1日起，公安部新修订的《机动车驾驶证申领和使用规定》界定，黄灯亮时已经越过停止线的车辆，可以继续通过；还未越过停止线的车辆应停车，没有停车的视为“闯黄灯”，被明确认定为“违反道路交通信号灯通行”行为，将按照闯红灯处罚：扣6分，并处20元以上200元以下罚款。

3）红灯。红灯亮时，禁止车辆通行。车辆须停在停止线以外，行人须在人行道边等候放行。右转弯车辆在不妨碍被放行的车辆和行人通行的情况下，可以通行。

机动车等候放行时，不准熄火，不准开车门，各种车辆驾驶员不准离开车辆；自行车左转弯不准推车从路口外边绕行；直行不准用右转弯方法绕行。

4）在未设置非机动车信号灯和人行横道信号灯的路口，非机动车和行人应当按照机动车信号灯的表示通行。

（2）方向指示信号灯　方向指示信号灯是指挥机动车行驶方向的专用指示信号，通过不同的箭头指向，表示机动车直行、左转或者右转。方向指示信号灯一般安装在交通繁忙、需要引导交通流的交叉路口，绿灯与红灯、黄灯配合使用。

方向指示信号灯的箭头方向向左、向上、向右分别表示左转、直行、右转。

（3）车道信号灯　设置车道灯的目的，是为了适应交通信号区域控制或者线控制的需要，提前提示驾驶人前方车道能否通行。如不能通行，须驶入绿色箭头灯下方车道通行，以免造成交通堵塞。

车道信号灯一般安装在需要单独指挥的车道上方，只对在该车道行驶的车辆起指挥作用，其他车道的车辆和行人仍按规定信号行驶。车道信号灯有绿色箭头灯和红色叉形灯或者箭头灯两种。

1）绿色箭头灯亮时，准许本车道车辆按指示方向通行。

2）红色叉形灯或者箭头灯亮时，禁止本车道车辆通行。

（4）闪光警告信号灯　闪光警告信号灯又称为黄色闪烁信号灯，为持续闪烁的黄灯，提示车辆、行人通行时注意瞭望，谨慎通过，一般设在有危险的路口或路段，以提醒车辆、行人注意，在确保安全的情况下通行。该信号也是晚间使用的一种警用信号，可以在夜间其他指挥灯停止指挥交通后，利用其中的黄灯来表示。当路口上空或四周黄色灯闪烁时，提醒车辆、行人注意前方是交叉路口，在确保安全的情况下通行。

（5）道路与铁路平面交叉道口信号灯　道路与铁路平面交叉道口有两个红灯交替闪烁或者一个红灯亮时，表示禁止车辆和行人通行；红灯熄灭时，表示允许车辆和行人通行。

（6）人行横道信号灯　人行横道灯由红色、绿色两种灯光组成。在红灯镜面上有一个行人站立图案，在绿灯镜面有一个行人行走的图案。一般设在人流较多的重要交叉路口的人行横道两端。灯头面向车行道，与道路中心线垂直。路段中间的人行横道，可视实际需要设置由行人按钮式的人行横道信号灯，车辆如遇行人需要横过车行道时，应让其优先通过。

1）绿灯亮时，准许行人通过人行横道。

2）红灯亮时，禁止行人进入人行横道，但是已经进入人行横道的，可以继续通过或者在道路中心线处停留等候。

2. 交通标志

交通标志是利用图形符号、文字向驾驶人及行人传递交通信息，用以管制、疏导交通的安全设施。道路交通标志分为主标志和辅助标志两大类。主标志包括警告标志、禁令标志、指示标志、指路标志、旅游区标志和道路施工安全标志，各种交通标志详见彩插。

3. 交通标线

道路交通标线是由路面标线、箭头、文字、立面标记、突起路标和轮廓等所构成的交通安全设施，分为指示标线、禁止标线和警告标线三种，各种交通标线详见彩插。

4. 交通警察指挥手势信号

交通警察的指挥手势信号分为直行信号、直行辅助信号、左转弯信号、左转弯辅助信号、停止信号、停止辅助信号、右转弯信号、减速慢行信号、前车避让后车信号、示意违章车辆靠边停车信号等。

（1）停止信号　左臂向前上方直伸，掌心向前，不准前方车辆通行。

（2）直行信号　左臂向左平伸，掌心向前；右臂向右平伸，掌心向前，向左摆动，准许右方直行的车辆通行。

停止信号

直行信号

（3）左转弯信号　右臂向前平伸，掌心向前；左臂与手掌平直向右前方摆动，掌心向右，准许车辆左转弯，在不妨碍被放行车辆通行的情况下可以掉头。

左转弯信号

（4）左转弯待转信号　左臂向左下方平伸，掌心向下；左臂与手掌平直向下方摆动，准许左方左转弯的车辆进入路口，沿左转弯行驶方向靠近路口中心，等候左转弯信号。

左转弯待转信号

（5）右转弯信号　左臂向前平伸，掌心向前；右臂与手掌平直向左前方摆动，手掌向左，准许右方的车辆右转弯。

右转弯信号

（6）变道信号　右臂向前平伸，掌心向左；右臂向左水平摆动，车辆应当离开指定的车道，减速慢行。

变道信号

（7）减速慢行信号　右臂向右前方平伸，掌心向下；右臂与手掌平直向下方摆动，车辆应当减速慢行。

减速慢行信号

（8）示意车辆靠边停车信号　左臂向前上方平伸，掌心向前；右臂向前下方平伸，掌心向左；右臂向左水平摆动，车辆应当靠边停车。

示意车辆靠边停车信号

四、机动车驾驶操作相关基础知识

1. 仪表与指示灯

汽车的仪表、警告灯一般都设在驾驶室内，为驾驶员随时了解汽车主要总成的技术状况和行驶状况提供信息。常见的仪表有发动机转速表、车速里程表、燃油表、水温表、电压表和机油压力表，如下图所示。各种仪表，指示灯含义见下表。

汽车仪表

各种仪表、指示灯含义

仪　　表	指示灯名称	含　　义
	驻车制动器指示灯	显示车辆驻车制动器的状态，平时为熄灭状态。当驻车制动器被拉起后，该指示灯自动点亮；驻车制动器被放下时，该指示灯自动熄灭。有的车型在行驶中未放下驻车制动器会伴随有警告音
	电瓶指示灯	该指示灯用来显示电瓶使用状态。打开钥匙门，车辆开始自检时，该指示灯点亮，启动后自动熄灭。如果启动后电瓶指示灯常亮，说明该电瓶出现了使用问题，需要更换
	机油指示灯	该指示灯用来显示发动机内机油的压力状况。打开钥匙门，车辆开始自检时，指示灯点亮，启动后熄灭。该指示灯常亮，说明该车发动机机油压力低于规定标准，需要维修
	水温指示灯	指示灯用来显示发动机内冷却液的温度，钥匙门打开，车辆自检时，会点亮数秒，随后熄灭。水温指示灯常亮，说明冷却液温度超过规定值，需立刻暂停行驶；水温正常后熄灭
	气囊指示灯	该指示灯用来显示安全气囊的工作状态，当打开钥匙门，车辆开始自检时，该指示灯自动点亮数秒后熄灭，如果常亮，则安全气囊出现故障
	ABS 指示灯	该指示灯用来显示 ABS 指示灯工作状况。当打开钥匙门，车辆自检时，ABS 指示灯会点亮数秒，随后熄灭。如果未闪亮或者启动后仍不熄灭，表明 ABS 出现故障
	发动机自检灯	该指示灯用来显示车辆发动机的工作状况。当打开钥匙门时，车辆自检时，该指示灯点亮后自动熄灭。如果常亮，则说明车辆的发动机出现了机械故障，需要维修
	燃油指示灯	该指示灯用来显示车辆内储油量的多少。当钥匙门打开，车辆进行自检时，该油量指示灯会短时间点亮，随后熄灭。如启动后该指示灯点亮，则说明车内油量已不足

（续）

仪　表	指示灯名称	含　义
	车门指示灯	该指示灯用来显示车辆各车门状况。任意车门未关上，或者未关好，将点亮相应的车门指示灯，提示车主车门未关好；当车门关闭或关好时，相应车门指示灯熄灭
	雾灯指示灯	指示灯是用来显示前后雾灯的工作状况。当前后雾灯点亮时，该指示灯相应的标志就会点亮；关闭雾灯后，相应的指示灯熄灭
	转向指示灯	该指示灯是用来显示车辆转向灯所在的位置，通常为熄灭状态。当车主点亮转向灯时，该指示灯会同时点亮相应方向的转向指示灯；转向灯熄灭后，该指示灯自动熄灭
	远光指示灯	该指示灯是用来显示车辆远光灯的状态。通常情况下该指示灯为熄灭状态。当车主点亮远光灯时，该指示灯会同时点亮，以提示车主车辆的远光灯处于开启状态
	安全带指示灯	指示灯用来显示安全带是否处于锁止状态。当该灯点亮时，说明安全带没有及时扣紧。有些车型会有相应的提示音。当安全带被及时扣紧后，该指示灯自动熄灭
	示宽指示灯	该指示灯是用来显示车辆示宽灯的工作状态，平时为熄灭状态。当示宽灯打开时，该指示灯随即点亮。当示宽灯关闭或者关闭示宽灯打开大灯时，该指示灯自动熄灭

2. 操纵装置

（1）方向盘　方向盘是用来操纵汽车行驶方向的装置，通过控制转向轮实现车辆的转向。

汽车方向盘

2

驾驶姿势调整好了之后，接下来就是方向盘的握法和操作了。手握方向盘的位置，以两只手握住方向盘 9 点与 3 点钟方向（即水平两侧）时手肘微弯为最佳，因为这可使手臂有充分的活动区域来迅速操作方向盘，如图所示。手握方向盘时不要紧握，而是轻轻握住外缘。很多新手总是紧握方向盘，造成手部大量出汗，从而影响动作准确程度，而且在换挡时还容易产生非正常打方向盘的情况，埋下了事故隐患。

方向盘的操作依据车速快慢而有不同程度的转向动作。车速越高，方向盘的转动幅度越小。转动时要双手操作，以一只手上推、另一只手就下拉的方式接力转动方向盘。

有些新手在汽车掉头或大转弯时，把手伸进方向盘内侧打方向，这就是俗话说的“掏轮”，如图所示。

掏轮

（2）离合器踏板　离合器踏板是手动挡汽车离合器总成的操纵装置。通过驾驶员的正确操纵，实现离合器前后部分（发动机和变速器）的接合和分离，完成起步、换挡、倒车。

踩下离合器踏板、挂入挡位后，抬起离合器踏板至离合器摩擦片开始相互接触时，在这个位置脚要停顿一下，同时踩加速踏板，待离合器片完全接触后再完全抬起离合器踏板，即“两快一慢一停顿”（抬起踏板的速度两头稍快，次两头慢，中间顿）。

（3）制动踏板　制动踏板用于减速或停车，其操作要领为：

1）缓慢制动。踏下离合器踏板，同时放松加速踏板，将变速杆推至低速挡位置，随即抬起离合器踏板，右脚迅速放在制动踏板上，根据需要车速及停车点

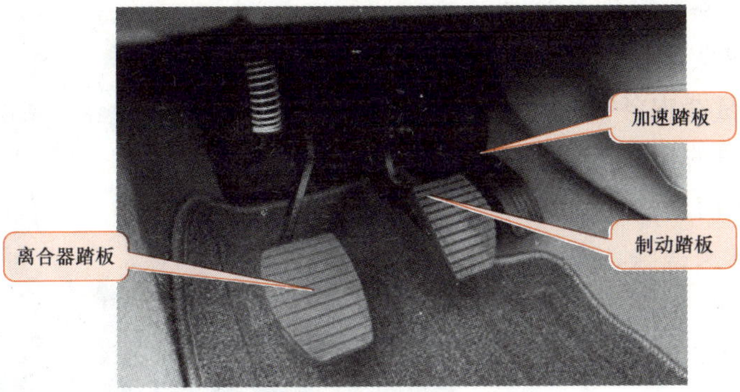

离合器、制动和加速踏板

距离，逐渐用力踏下制动踏板直至停车。

2）紧急制动。双手紧握方向盘，快速踏下离合器踏板，几乎同时踏下制动踏板，采取一脚踏死的方法，使车迅速停止。

3）间歇性制动。间歇性制动是断续踏下和放松制动踏板的一种制动方法。在山区行车时由于长期下坡，制动系统易产生高温，造成制动性能降低，为防止制动系统温度过高，驾驶员常采用间歇性制动方法。另外，气制动装置因进气量不易掌握也可使用快速间歇性制动。

4）装配ABS的车辆在紧急制动时，禁止使用间歇性制动，否则ABS将无法发挥应有的作用。

（4）加速踏板　加速踏板主要作用是控制发动机节气门的开度，从而控制车速。

加速踏板的操作包括踏法、踏下和抬起要领。

1）踏法。右脚跟抵在底板上作为支点，前脚掌轻放在踏板上，用踝关节和膝关节的伸屈的力量抬起或踏下。

2）踏下要领。踏下加速踏板的操作要领是轻踏、平稳、缓慢，不能忽快忽慢，也不能忽踏忽抬，更不能一脚踏到底。

3）抬起要领。抬起加速踏板的操作要领是缓抬，而不能一下抬到顶。

容易出现的错误和注意事项：

1）踏下加速踏板用力不均，部分学员操作不熟练，突出表现在平稳和缓慢两个动作上不够柔和。

2）踏下加速踏板时不能同时踏下制动踏板。

3）变速器在空挡位置时不能同时踏下加速踏板。

4）在颠簸道路行驶时一定要稳住加速踏板。

(5) 变速器操纵杆　变速器操纵杆简称变速杆，用以接合或分离变速器内各挡齿轮，从而改变传递的扭矩和转速，并且可使汽车前进和后倒。

变速器球头握法，以手掌贴住球头，五指握向手心。把球头自然地握在掌心为好，操纵变速杆应以手腕和手臂肘关节力量为主，肩关节为辅。常见错误握法，如图所示。

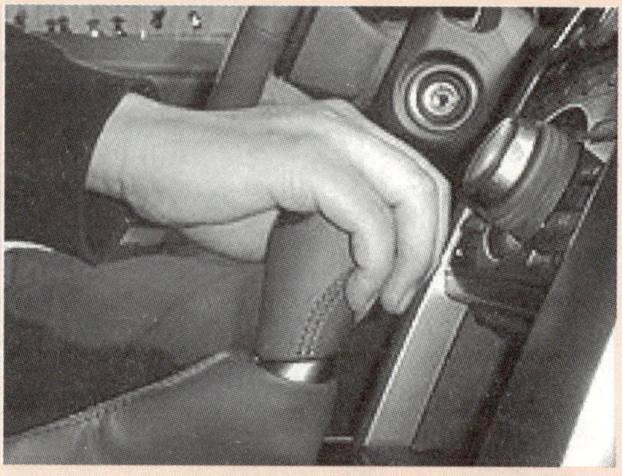

变速器球头握法

变速器操纵杆错误握法

操纵变速杆时，两眼应注视前方，左手握稳方向盘，在左脚踏离合器踏板的同时，右脚松开加速踏板，用腕肘关节的适当力量进行推入或拉出。不得硬推、强拉，也不可注视变速杆。

挂倒挡时，一般需要压缩倒挡弹簧或提起倒挡按钮，以解除倒挡安全阻力装置或倒挡锁的锁止，才能挂入。

(6) 驻车制动器操纵装置　驻车制动器操纵装置通常是指机动车辆安装的手动刹车，简称手刹。在车辆停稳后用于稳定车辆，避免车辆在斜坡路面停车时由于溜车造成事故。常见的驻车制动器一般置于

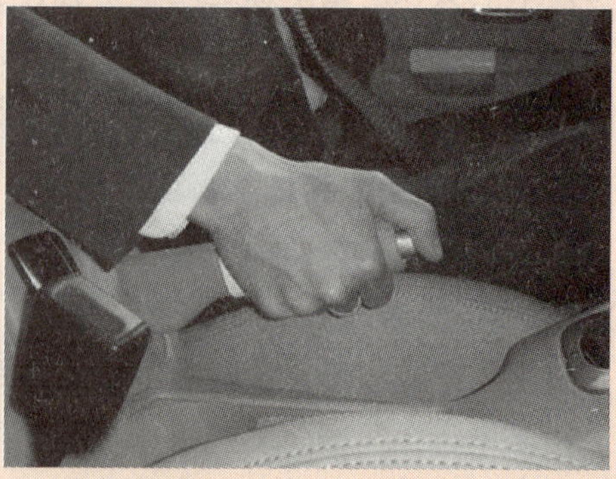

驻车制动器

驾驶员右手下垂位置，便于使用。

驻车制动器的使用方法是：进行驻车制动时，向下踏住制动器踏板，向上全部拉出驻车制动器操纵杆。欲松开驻车制动，向下踏住制动器踏板，将驻车制动器操纵杆向上稍微拉动，用拇指按下手柄端上的按钮，然后将驻车制动器操纵杆放低到原始的位置。

（7）点火开关　点火系统的开关（通常要使用钥匙）可自由开启或关闭点火线圈的主要电路，主要有四个挡位。

点火开关

1）LOCK：锁死汽车，一般车钥匙放到这个挡位就等于锁死了方向盘，方向盘不能有太大的活动。

2）ACC：给全车通电，收音机、车灯等可以正常使用，不可以使用空调。

3）ON：除了发动机，其余的基础设备都是开着的，可以为方向盘解锁，可以使用空调，但空调的制冷效果不是很好。

4）START：发动汽车，起动发动机，空调的制冷效果会变好。START 挡是发动机起动挡位，起动后会自动恢复正常状态也就是 ON 挡。

（8）灯光开关

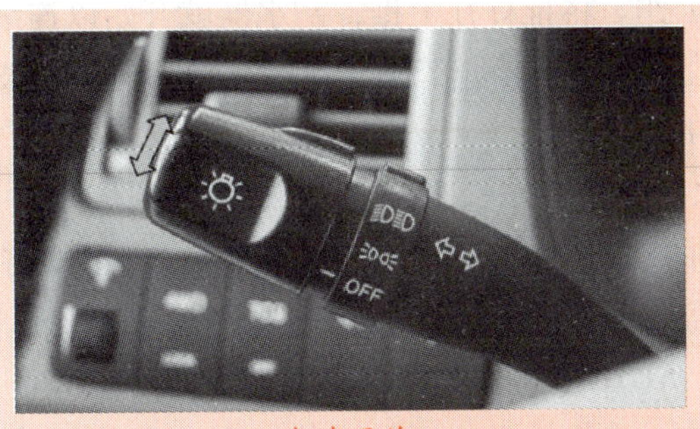

灯光开关

1）开关：在控制杆上有转动开关，一般有两个。靠外侧的是灯光开启开关，有三个挡，分别为关—（示宽灯）小灯—大灯（远、近光灯）；内侧的转动开关可控制前、后雾灯的开启和关闭。

2）转向：三个挡位，分别为左—关—右，以方向盘为表盘。顺时针方向拨动控制杆为开启左转向灯，转向结束后可随方向盘回位，也可手动拨回；逆时针方向拨动控制杆为开启右转向灯。

3）远近光切换：有两个挡位，通常放在近光位置，以方向盘为参照。打开大灯开关后，向下推动为开启远光灯，此时，仪表盘上蓝色灯图标常亮；向上推动为开启近光灯，仪表盘上蓝色图标灭。在近光位置，向上推动为会车提醒灯（远光灯亮）起到提醒作用。手松开后，自动回到近光位置（若灯光开关未开启，灯光关闭）。

（9）风窗玻璃刮水、除霜和除雾装置

1）风窗玻璃刮水器。雨天驾驶车辆，应确保刮水器正常工作，其操作方法如图所示：

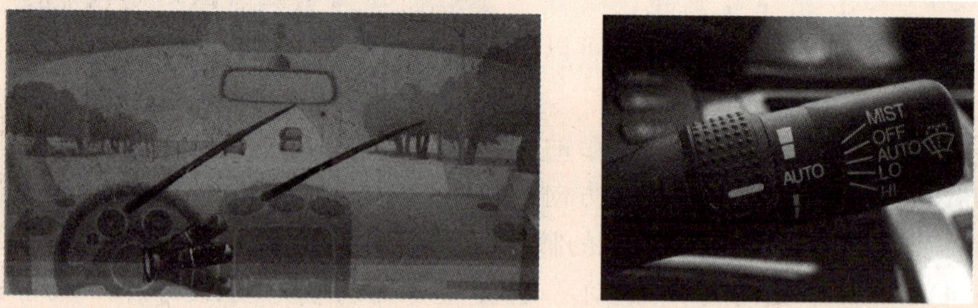

前风窗玻璃刮水器

①MIST：手动工作。将推杆往上推，刮水器就开始以连续方式开始工作；松手后，推杆自动回位，刮水器停止工作，适用于清除前风窗玻璃上少量积水或去除前风窗玻璃上少许的杂物。

②OFF：前刮水器停止工作状态。

③AUTO：自动间歇工作。将推杆往下拉一格，刮水器将以间歇开始的方式自动工作。该挡位需手动进行复位，适用于小雨小雪的情况。AUTO是使用最多的刮水器工作方式，AUTO挡位的各种运用如下：

a. LO：连续工作。将推杆再往下拉一格，刮水器将以连续运转在速率自动工作。该挡位同样需要手动进行复位，适用于较大的雨雪天气。

b. HI：连续高速工作。将推杆往下拉到底，刮水器将以高速运转工作。该挡位需手动进行复位，适用于暴雨天气。一般在大暴雨情况下，哪怕将刮水器开到最高速度也没什么效果，最好的方式是打开双闪灯，靠边停车，等雨小些后再上路。

2）除霜和除雾装置。消除风窗玻璃内起雾有两个方法：稍开点窗，使内外温度和湿度相同；打开空调的除雾挡即可（热风），如图所示。

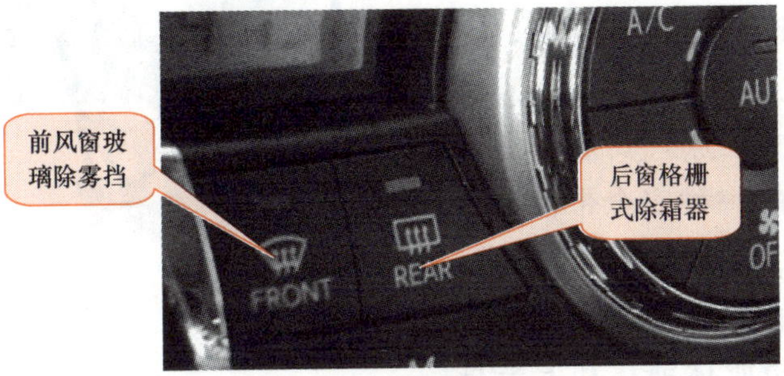

除霜和除雾装置

风窗玻璃外有冰霜，只有在冬季早晨出现，可用废弃的购物卡轻轻刮除，然后打开风挡清洁开关，喷出的玻璃水不但防冻，还有轻微润滑作用，刮水器来回摆动几下。此时，剩余的冰霜已经基本不能遮挡视线。最后，在车内打开热风吹（一定是外循环）一会儿，剩余冰霜会慢慢融化。

后风窗玻璃出现的霜，可使用后窗格栅式除霜器进行消除。

3. 主要安全装置常识

汽车安全头枕

（1）安全头枕　安全头枕一般设置于前排座椅，由连杆连接至座椅靠背内的压力板。当轿车受到后部的撞击时，头颈保护系统会迅速充气膨胀起来，其整个靠背都会随乘坐者一起后倾，乘坐者的整个背部和靠背安稳地贴近在一起，靠背则会后倾以最大限度地降低头部向后甩的力量，座椅的椅背和头枕会向后水平移动，使身体的上部和头部得到轻柔、均衡地支撑与保护，以减轻脊椎以及颈部所承受的冲击力，并防止头部向后甩所带来的伤害。

（2）安全带　当汽车遇到意外情况紧急制动时，安全带可以将驾驶员和乘客束缚在座椅上以免前冲，从而保护驾驶员和乘客免受二次冲撞造成伤害。按固定方式不同，安全带可分为两点式、三点式、四点式共三种，其中三点式安全带是目前使用最普遍的一种安全带，是在两点式安全带的基础上增加了肩带，在靠近肩部的车体上有一个固定点，可同时防止乘员躯体前移和上半身前倾，增强了乘员的安全性。三点式安全带主要由织带、卷收器和安装固定件（附件）等部件组成，如图所示。

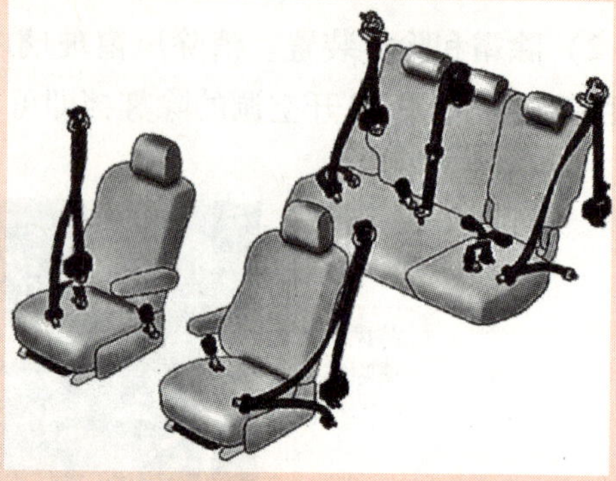

安全带

（3）ABS　ABS是一种在常规制动装置基础上改进的具有防滑、防锁死等优点的汽车安全控制系统。它既有普通制动系统的制动功能，又能防止车轮锁死，使汽车在制动状态下仍能转向，保证汽车的制动方向稳定性，防止产生侧滑和跑偏，是目前汽车上最先进、制动效果最佳的制动装置，如图所示。

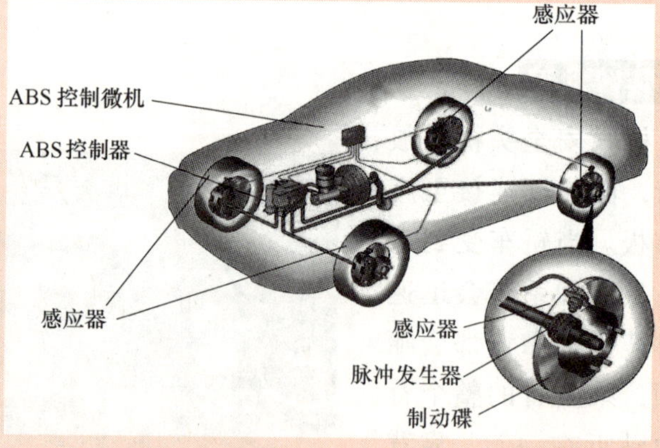

ABS

（4）汽车安全气囊系统　安全气囊是辅助安全系统，是安全带的辅助装置。当汽车遭受冲撞导致车速急剧变化时，安全气囊迅速膨胀，承受并缓冲驾驶员或乘员头部与身体上部产生的惯性力，从而减轻人体遭受伤害的程度。只有在使用安全带的条件下，安全气囊系统才能充分发挥保护驾驶员和乘员的作用。

安全气囊

第三章 3

汽车驾驶科目二考试

一、科目二考试注意事项

1. 考试顺序

上坡起步定点停车、侧方位停车、曲线行驶、直角转弯、倒车入库。

2. 容易扣分项目

综合评判项目：未系安全带，不合格；未关好车门，不合格；未开转向灯：起步、转向、变更车道、超车、停车前未使用转向灯或使用少于3s，扣10分（使用转向灯少于3s，经常成为学员扣分的原因）；熄火一次，扣10分。

3. 考试技巧

（1）调整座椅　用一只手握住方向盘，另一只手控制座椅调节柄，进行座椅前后距离的调整。如果不调整合适，就会影响到观察参照物的时机和判断距离的要求，势必影响到驾驶操作的准确性。腿部仍要有一定的弯曲量，且能将离合器踏板和制动踏板轻松踩到底。

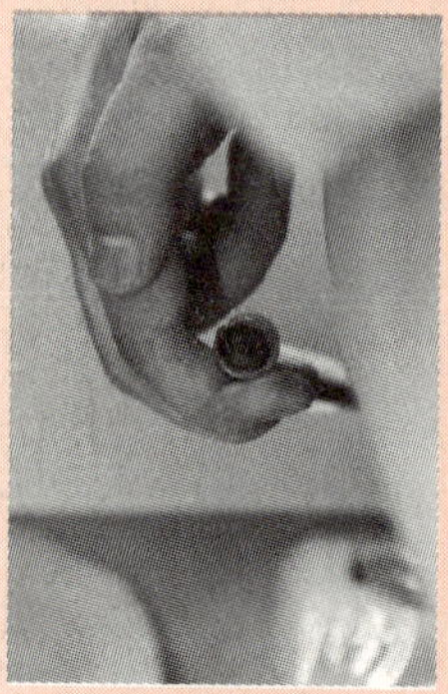
调整座椅前后距离

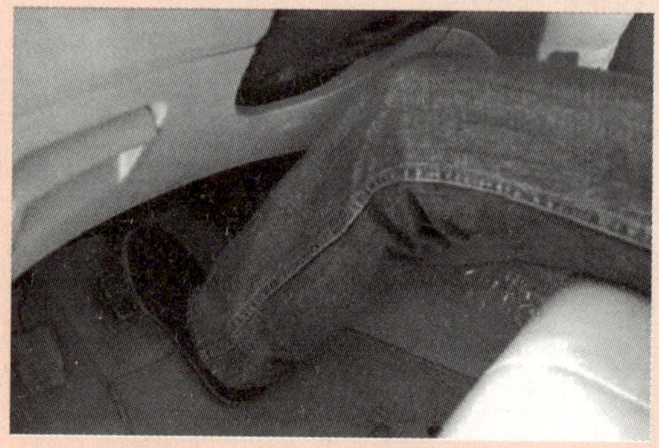
腿部活动自由

然后要进行座椅的高度调整（因车而异，有的车带座椅高度调节，有的则没有）。上、下调整座椅时，要让头部与车顶至少有一拳的距离。如果座椅调得过高，车辆在颠簸的时候，头部容易碰到车顶；调得太矮了则会遮挡视线，影响正常驾驶。

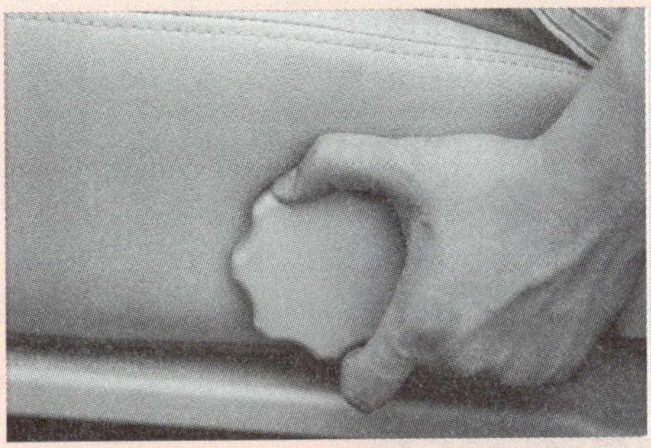

调整座椅高低

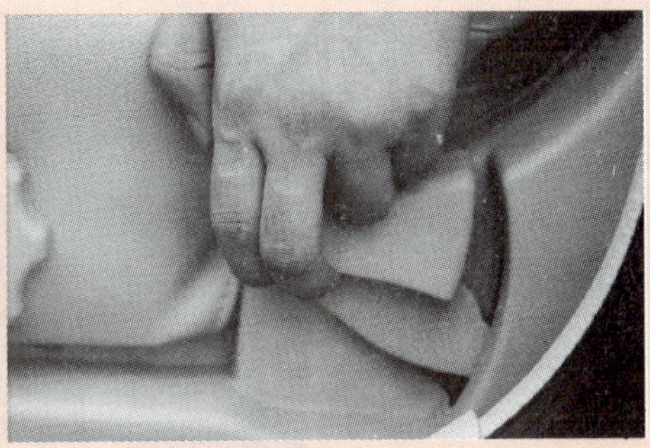

调整座椅后背

最佳的驾驶状态是当肩部自然向后靠时，双臂伸直后手腕处应该正好能搭在方向盘上，这样可以有效的转动方向盘，并且便于查看公里、时速、油量等行驶信息。

（2）调整后视镜　科目二场地考试中，已用施划标线替换原有的标杆，增加了考试难度，这就要求考生必须学会正确利用后视镜来观察参照点。每个人身材不一致，导致观察后视镜的感觉是不一样的。因此调整后视镜，必须要保证调整到固定的位置才能确保参照点选择的准确性。

调整后视镜的内外范围及上下角度

调整时，首先要保持坐姿端正，不能歪斜；其次以车身为参考，选择车身上的把手或油箱盖为参照物，通过车门上的把手调整后视镜内外范围，确保眼睛能观察到后视镜里的范围一致，这样就不会看错参照点；最后将后视镜角度尽量往下调，以确保能看到地上标线，通过与标线的对比关系，找到较好的参照倒车角度，这样才能把握好操作的时机。

（3）正确系带、解除安全带　把安全带慢慢拉出，不要使其拧劲，将安全带扣到能听到“咔”的一声为止。若系得不正确，一旦发生交通事故就不能充分发挥其作用。

解除时，用右手按下安全带扣将其摘下，左手拿安全带慢慢将其送回。

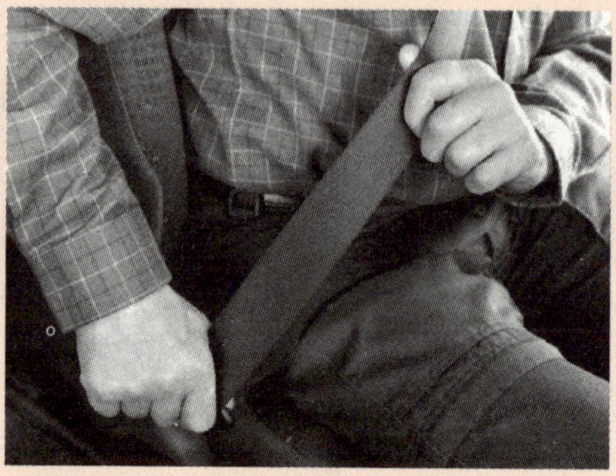

正确系带安全带

二、坡道定点停车和起步

3

1. 考核目的

考核机动车驾驶人在坡道上驾驶车辆的技能，准确判断车辆的位置，正确使用制动、挡位和离合器，以适应在上坡路段停车与起步的需要。

2. 考场布局及评判标准

尺寸：定点停车桩杠距坡底大于1.5倍车长，全坡长大于20m。

评判标准：

1）不按规定路线顺序行驶，不合格。

2）没有定点停车，不合格。

3）车辆停止后，汽车前保险杠未到控制线，不合格。

4）停车后后溜距离大于30cm，不合格；停车后后溜距离小于30cm，扣10分。

5）起步未开左转向灯，扣10分。

6）车辆行驶中压道路边缘实线，不合格。

7）车辆停止后，前保险杠未到停车线，扣10分。

8）停车时右前轮距边缘线30cm以上，扣10分。

9）起步时间超过30s，不合格。

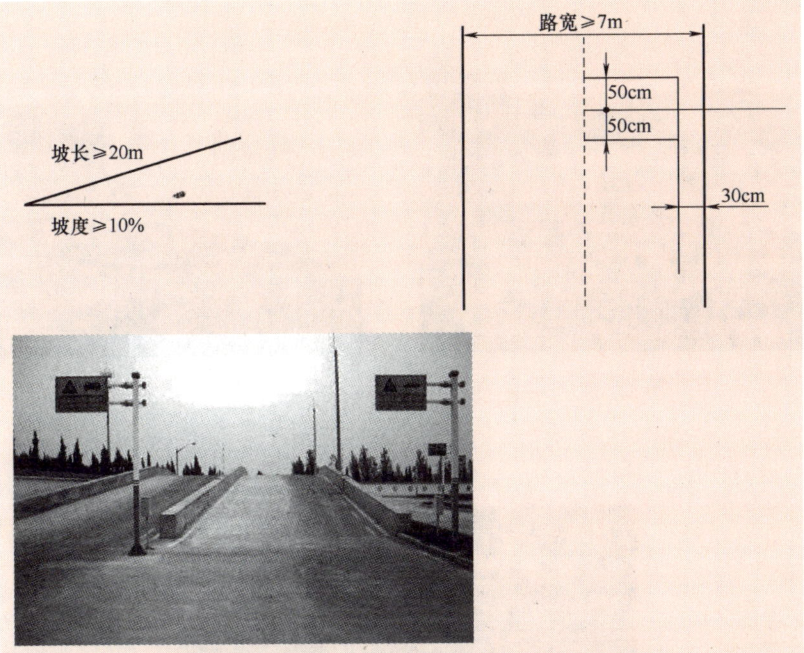

坡道定点停车场地布局

3. 操作要求

通过视觉和感觉及时判断坡道的坡度大小、长短及路宽等道路情况，采取正确的操作方法，控制车辆平稳停车和起步。要做到转向正确、换挡迅速，操作加速踏板、驻车制动器和离合器踏板三者配合的动作准确协调。起步要做到车辆不前冲、不后溜、不熄火。定点停车进入停车位后，前保险杠应停在 30cm 停车线上，右前轮应停在距路边线 30cm 以内。

4. 考试攻略

（1）起步　上车后，调整座椅、系好安全带，将两个后视镜均调整至最低，驾驶人能通过后视镜看到左右两侧的后车轮，不再调整。听到“上坡定点停车”指令后，立刻打右转向灯，向右转动方向盘，以向道路右侧靠。

（2）调整车与路边线距离　当汽车发动机盖中点对正黄色线时，方向盘向左回小半圈，再迅速向右回正，使车右侧与路边保持平行，此时车身与路边线保持距离在 30cm 内，不能压黄色线。

3

做好起步准备

调整车辆方向时机

车身与路边线保持距离30cm

（3）定点停车　快到达停车点时，降慢车速，当从左侧后视镜下沿看到定位线边缘时停车。

停车时机

观察右后视镜车身与边线距离

停车时保险杠位置

（4）坡道起步　停10s，等报完成绩后，进行半坡起步准备，踏下离合器踏板，挂入一挡，左手握稳方向盘，两眼目视前方，打开左转向灯、鸣喇叭，右手握住驻车制动器操纵杆，稍向后拉并按下按钮，做好起步准备。踏下加速踏板，提高发动机的转速，同时松抬离合器至半联动，然后松放驻车制动器并缓缓加油使车辆平稳起步。

特别注意

起步如果感到动力不足，车辆无法前进甚至后溜时，应立即踏下离合器踏板和制动踏板，随即拉紧驻车制动器操纵杆，重新起步；一般踩下离合器踏板到车轮转动时间不超过7s，按顺序依次平稳起步。

上坡熄火一定要沉着冷静，不要慌张，应采取及时有效的措施，然后按坡道起步的方法上坡。

5. 易犯错误及纠正方法

（1）驻车制动器操纵杆未拉紧　在坡道上停车时，没有拉紧驻车制动器操纵杆，导致停车后溜如图所示。

纠正方法

按照操作要求拉紧驻车制动器操纵杆；个别车辆驻车制动器比较软，可以刻意地再提起一些。

（2）上坡起步时松开驻车制动器过早　上坡起动时松开驻车制动器过早容易使车辆发生后溜。

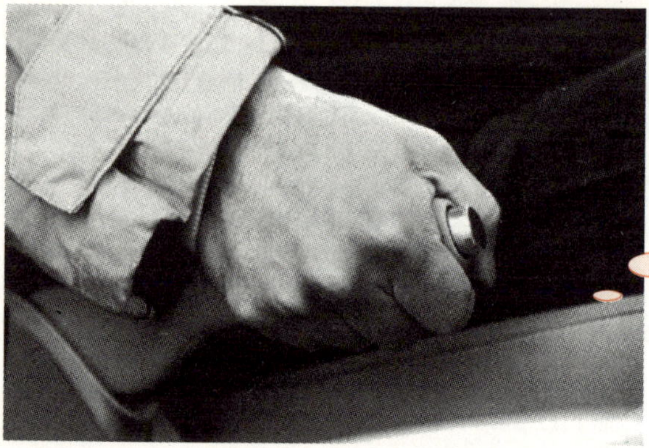

拉紧驻车制动器操纵杆

3

有些学员习惯于先松开驻车制动器，利用半联动来避免车辆后溜，这在考试时是不允许的。一旦车辆出现故障（如离合器打滑），就会造成汽车后溜。

纠正方法

严格按照坡道起步的步骤进行，利用制动踏板起步的方法在道路驾驶时可采用，场地驾驶科目禁止使用。

(3) 发动机未起动用“溜动”的方法起步　有的学员为了省事，在汽车下坡起步时，常采用“溜动”的方法起步，这是不允许的。

纠正方法

严格按照坡道起步的步骤进行操作。

三、侧方停车

1. 考核目的

考核机动车驾驶人将车辆正确停入道路右侧车位（库）的技能。

2. 考场布局及评判标准

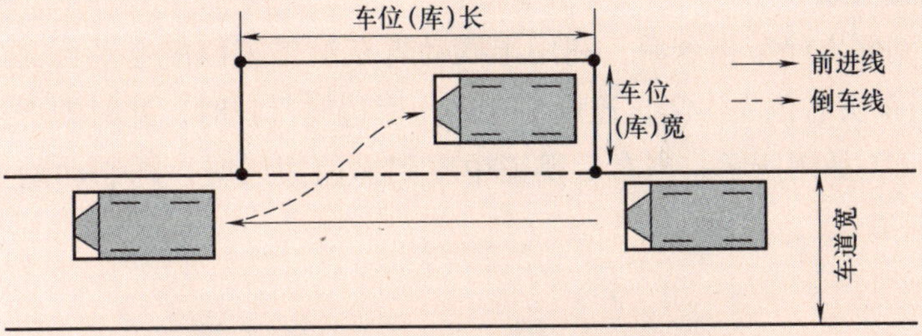

侧方停车场地布局

尺 寸：1）车位（库）长：小型车辆为1.5倍车长加1m。

2）车位（库）宽：车宽加80cm；车道宽：1.5倍车宽加80cm。

评判标准：

1）车辆入库停止后，车身出线，不合格。

2）未停车于库内，不合格。

3）中途停车，不合格。

4）行驶中车轮触压车道边线，扣10分。

5）起步未开启左转向灯，扣10分。

6）倒车未开启右转向灯，扣10分。

其中，6）为新增加扣分项目，此前只要求停车起步需开左转向灯，也是最容易忽视导致扣分的项目。

3. 操作要求

车辆在车轮不轧路边线和库边线的情况下，通过一进一退将车辆倒入右侧车库。

4. 考试攻略

1）听到侧方停车指令后，利用半联动驾车沿停车位慢速平行前进，向右调整方向，当车头右侧先1/2再逐渐1/3处压库边线行驶时，此时即保持车右侧距库边线30cm，如图所示；当右后视镜中看到库前边线时，踩制动踏板、踩离合停车。

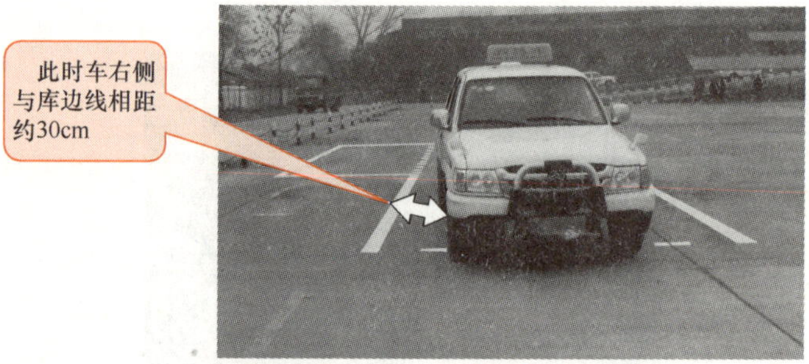

准备倒车位置

2）打右转向灯3s以上，挂倒挡，抬制动踏板，慢抬离合倒车；看右后视镜观察右后轮与库左前角对齐时向右迅速转动方向盘到底。

倒库转向时机

3）通过观察左后视镜车俩左侧与库的右后角为一条直线（车身与道路约成45°）回方向；直到看左后轮轧左库边线将方向盘向左转到底。

车尾入库

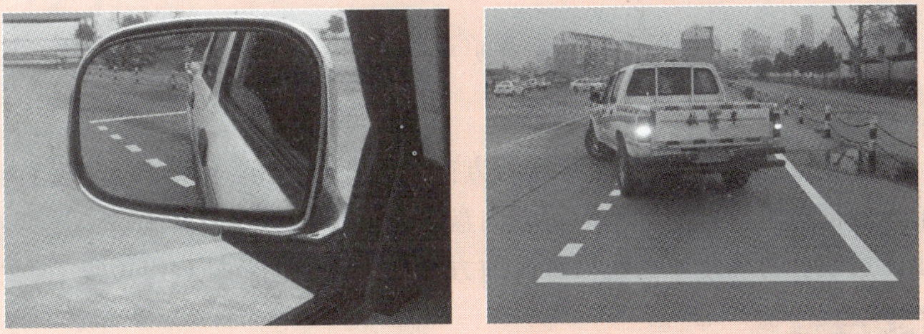

回正方向时机

特别注意

①当开始车与库边线大于40cm时，此步骤应晚打方向。

②当开始车与库边线小于20cm时，此步骤应早打方向。

4）观察左右后视镜，车身与两侧库边线平行时回正停车，拉起驻车制动器完成。停10s左右，待通知考试合格后再准备重新起步出库。

车辆入库

5）踏下离合，挂一挡，打左转向灯3s以上，鸣喇叭，松驻车制动器、慢抬离合用半联动缓慢起步；方向盘向左打满，车辆沿左侧前进。当车头中间压道路左边线时尽快向右打1圈半（回正），随后根据路况再向右打1圈，并适当调整。

6）出库后车身与库边线平行后立即将方向盘回正（即向左回1圈）；继续前行，驶离本项目考试区。

5. 易犯错误及纠正方法

（1）前进未到位就开始倒车入库　此时和前车距离较大，但可以用于倒车的距离却缩短了，往往当与后车非常接近时，大部分车头还在车库外面。此时即使右打方向前移试图将车头移入车库，整部车还是会跟着外移，无法完全入库。

纠正方法

按照操作要求，确保车尾与车库前边线平齐。

3

（2）前进太多　从后视镜看到后方空间充足，但倒入库时，车头右侧很容易与前车尾部过近。此时如果回正方向盘之后让车头躲开前方车辆，尾部左侧又容易出库边线，有可能车头还没躲开前方桩杆，右后轮就轧到库边线了。

纠正方法

按照操作要求，确保车尾部与车库前边线平齐。

（3）太远离（靠近）车库　距离太远会出现车子横摆角度太大，就算后轮可以入库，剩余的距离也很难把车身调直；距离车库太近，倒车时车身会很容易刮碰到桩杆，如果回正方向之后以躲开前车，车尾就很难进入车库。

纠正方法

按照操作要求，确保车身右侧与库边线相距约30cm。

四、曲线行驶

1. 考核目的

考核驾驶人的操纵转向和控制车辆曲线行驶的驾驶能力。

2. 考场布局及评判标准

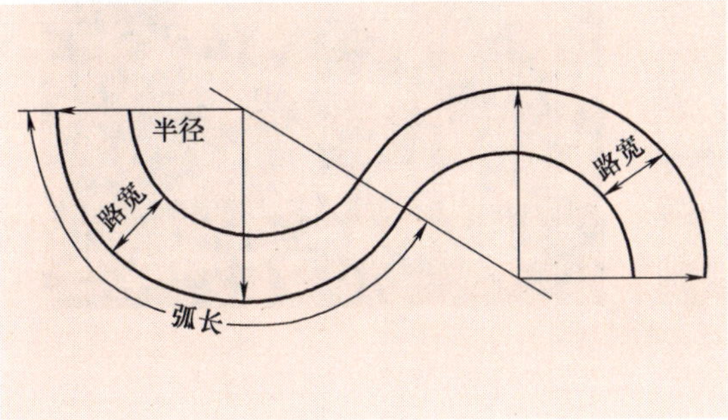

曲线行驶场地布局

尺寸：

1）路宽：3.5m。

2）转弯半径：7.5m。

3）转弯弧长：3/8 圆周。

评判标准：

1）任一车轮轧路边线的，不合格。

2）中途停车，不合格。

3. 操作要求

驾驶车辆用低挡低速从弯道的一端驶入，从另一端驶出。行驶中不得轧道路边线，要转向自如。

4. 考试攻略

原则上进入弯道后尽量走大圈；处于弯道时，通过方向盘让里侧引擎盖上的小后视镜始终处于外侧白线边缘（具体为不出线，也不能离边缘线太远），到 S 弯尽头回正方向。

1）当车进入起点前，换一挡，进入后调整方向，确保发动机盖上的左侧小后视镜压右边线行驶；同时观察左后视镜，注意内外轮差。

对正参照物

观察左后视镜并及时调整

2）前进到两弯交接处时，可以以左侧的边线作为参照物，如图所示，稳住方向继续转弯。

两弯交接处观察左侧边线

3）进入第二个弯时，迅速调整参照物，此时观察引擎盖上的右侧小后视镜确保压左边线行驶。

对正参照物

4）在曲线的末端进入盲区后，可以选择路沿作为参照物。没有路沿的场地，可用目光在与出口平行的远处，假想一条直线，也可通过略微转头用余光观察左侧来判断车体与出口是否平行。

驶出场地

5. 易犯错误及纠正方法

（1）转动方向盘姿势不正确　转动方向盘时，操作姿势和动作不准确，有的单手、有的双手操作，且转动速度不均匀；有的双手进行操作时，手握方向盘的角度过小。

纠正方法

利用驾驶模拟器反复练习操纵方向盘的方法，熟练运用单手、双手操纵方向盘的时机。

（2）转向时机不准确　掌握不好转动方向盘的时机，修正方向太迟或过多，造成车辆“蛇行”；转动方向盘过急，不平顺。

纠正方法

反复体会在转向过程中，不同车速下回正方向的时机。

（3）加速踏板和转向不协调　转动方向盘同踩加速踏板不协调，在转弯处踩加速踩板的时机不正确，转弯时易加大油。

纠正方法

反复体会入弯减速、出弯加速的踩踏时机，速度越慢越好。

（4）转弯时顾近不顾远　眼光过低，方向打得过多，导致不能通过第二个弯道。

纠正方法

控制速度慢一点，给自己留有足够的观察、调整时间和距离。

五、直角转弯

1. 考核目的

考核机动车驾驶人能在急弯路段驾驶车辆时，正确操纵转向，准确判断车辆内外轮差的能力。

2. 考场布局及评判标准

尺寸：

1）路长大于或等于1.5倍车长。

2）路宽小型车辆为轴距加1m。

评判标准：

1）任一车轮触轧突出点或者驶出边缘线，不合格。

2）中途停车，不合格。

3. 操作要求

按规定路线低速行驶，由左向右或由右向左直角转弯，一次通过，中途不得停车，车轮不得轧内、外边线。

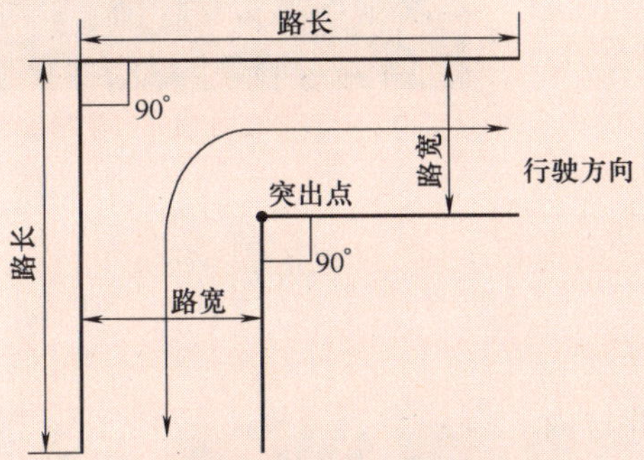

直角转弯场地布局

4. 考试攻略

1）汽车挂低速挡起步，不踩加速踏板，如图所示。

进入场地

2）汽车进入直角弯之前靠外侧行驶，外侧车轮与道路侧边线保持约 10cm 的间距。

与道路侧边线保持适当间距

3）当汽车行至驾驶员与内直角突出点对齐时，迅速向右（左）转动方向盘至极限位置。

转向时机的选择

4）当左（右）后轮越过内直角突出点时，开始逐渐回正方向驶出弯道。

回正方向时机的选择

5. 易犯错误及纠正方法

（1）距离左侧过近　距离左侧过近会使汽车在转弯时车尾左侧轧线。

纠正方法

起步后向右调整方向，与道路边线保持规定的距离。

（2）转向速度不均匀　在左后视镜与直角拐点重合时，存在刚开始快稍后慢，或刚开始慢，当发现车右前侧有可能出线时才快。这些观察参考物的不良习惯，要么是车右前侧出线，要么是左后轮轧到直角拐点。

纠正方法

反复体会把握参考物出线的时机。

六、倒车入库

1. 考核目的

考核机动车驾驶人在驾驶汽车进行后倒时对汽车方位的目测能力，进一步熟练运用方向盘、离合器等操纵件。

2. 考场布局及评判标准

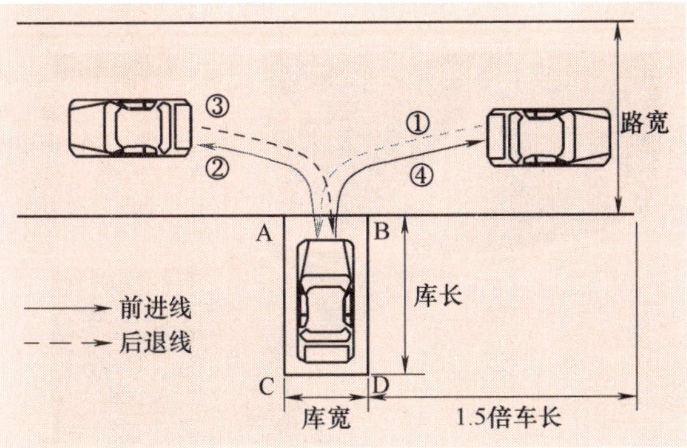

尺寸：

1）库宽：车宽 +0.6m。

2）库长：车长 +0.7m。

3）路宽：1.5 倍车长。

评判标准：

1）不按规定路线顺序行驶，不合格。

2）没有完全倒入库内，不合格。

3）车身出线，不合格。

4）中途停车，不合格。

倒车入库场地布局及运行轨迹

3

3. 操作要求

从右起点右倒入车位停正，前进出位开到左起点，见蓝色轨迹线。左转倒入车位停正，前进出车位开到右起点，见黑色轨迹线。整个过程车身不得出线。

4. 考试攻略

（1）从右起点倒车入库　上车先调整座椅，调整后视镜，系好安全带。打右转弯灯，轻抬离合使车后移，控制好车速，注意调整方向，让车身距右侧路边线约 1.5m 左右，且平行与路边线。时刻观察左后视镜，通过左后视镜框看起动线，待镜框遮住或者完全遮住起动线（如图所示），迅速向右打满方向。

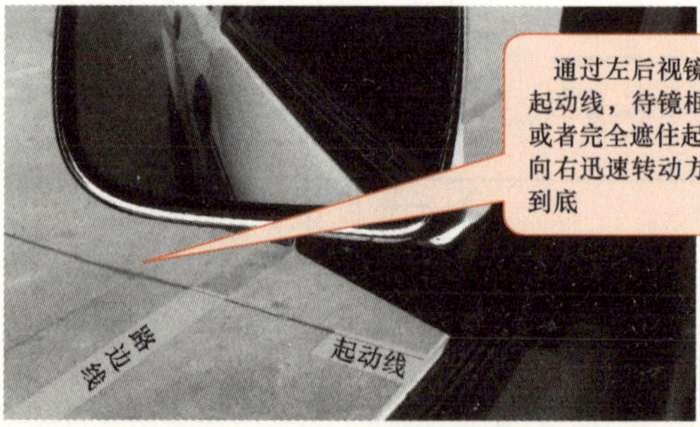

向右转动方向盘的时机

打完方向后，继续后移，中间不能停车，同时观察右后视镜，至最右边线露出后，保持车身与车库右前角距离 30cm，如图所示。

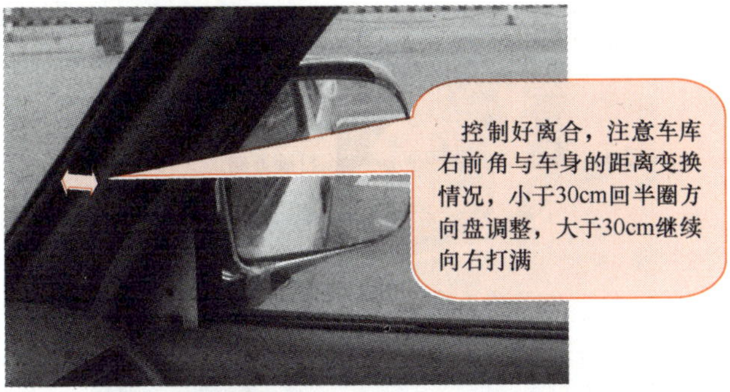

车尾入库

继续后移，当右后视镜库边线与车身接近平行时，如图所示，方向盘回正，调正车身，倒库入底。

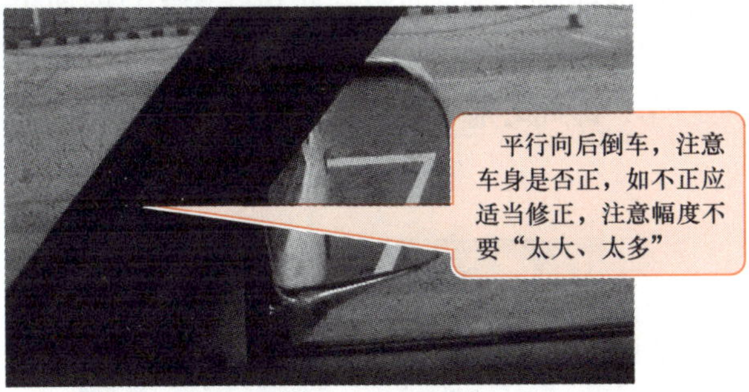

正直倒车

观察左后视镜框，待与车库前面实线重合时停车，倒库完成，此时车尾部与库底约 20cm。

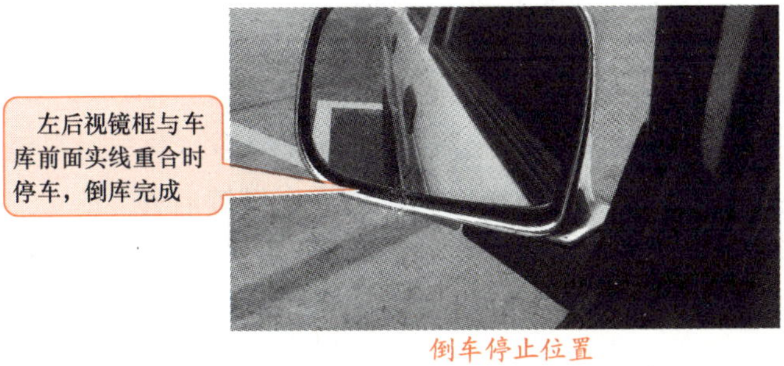

倒车停止位置

（2）出库开到左起点　车辆直线开出，看到左后视镜座与前面路边线重合时（此时后轮刚好过进库虚线），迅速向左打满方向。

出库向左打方向盘时机

3

保持方向控制好速度前进，感觉车身与路边线快平行时回正方向（或者看到左后视镜框刚能看到前方起动线）。通过左风窗玻璃立柱看起动线，在立柱压上或者超过起动线时停车，即此时前轮压上或者超过起动线，停车。

左起点停车位置

（3）从左起点倒车入库　轻抬离合器使车后移，看左后视镜，当镜框遮住或者完全遮住起动线，迅速将方向盘向左打满，继续后移。

观察左后视镜，至最左边线露出后，保持车身与库角距离 30cm，如图所示。

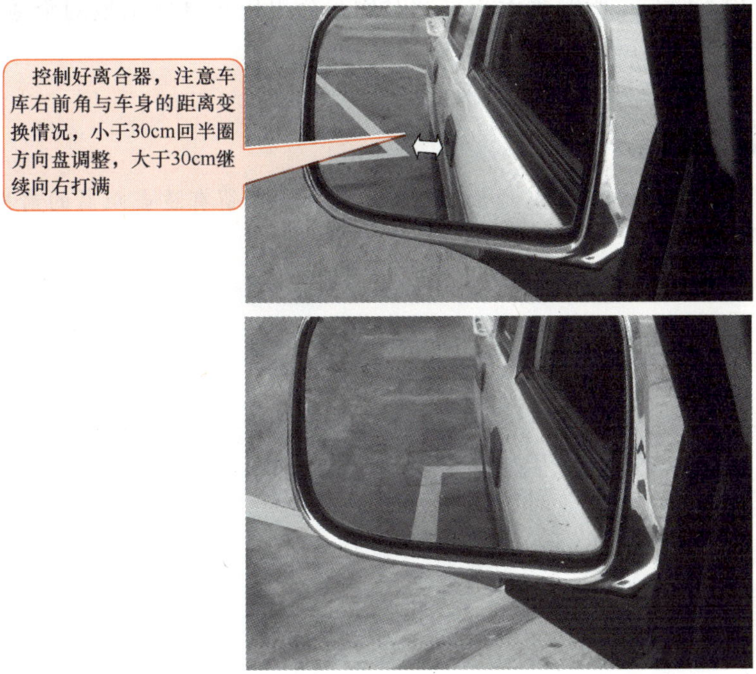

左倒入库

观察左后视镜，继续后倒，当库边线与车身接近平行时方向盘回正，调正车身，倒库入底，如图所示。

（4）出库开到右起点　其操作方法与从车库开到左起点相同，只是方向盘是向右打的。

5. 易犯错误及纠正方法

（1）倒车时入库角度不当　车身应与道路形成的角度适当，否则在倒车过程中过大则会使车辆左后角易轧线，过小则会使左前角轧线。

纠正方法

按照操作要求进行操作，若出现角度过大，倒车时方向应进行调整，观察后视镜，转向先缓后急；若出现角度过小，倒车时调整方向应观察后视镜，转向先急后缓。

（2）停车时与车库距离太小　此时倒车会出现车身可调整的余地很小，且极易轧线。

纠正方法

应多次体会车辆与道路边线距离，尽量在确保留有适当距离的前提下尽量往前靠。

第四章 4

汽车驾驶科目三考试——道路驾驶技能

一、起步前准备

行车前的安全检视目的是为了避免行车中出现故障引发意外，提前发现问题，这关系到自身和他人的生命财产安全，所以学员在平时练习时就要养成良好的习惯。

1. 起步前准备的评判标准

1）不绕车一周检查车辆外观及周围环境，不合格。

2）打开车门前不观察后方交通情况，不合格。

2. 起步前准备的技巧

（1）上车

1）安全确认。学员位于教练车左侧，向考核员报告：“×××请求上车”，考核员发出指令：“坐好上车准备”。学员绕车一周，检查车辆及安全状况，回到原位向考核员报告“检查完毕”。

2）上车。考核员发出指令“上车”后，学员侧头观察左、后方交通情况后，左手打开车门，随即将右手移至门内侧，右腿先进入驾驶室，轻放在加速踏板上，同时右手握住方向盘右侧；侧身进入驾驶室并顺势坐好，左脚放在离合器踏板左下方。

侧身入座

3）关门、锁门。左手将车门关至10cm时再用力关严并锁好。将车门关好后，务必要从里面锁好车门，保证行驶时的安全。

稍用力关好车门

（2）下车

1）安全确认。从车内后视镜和外后视镜观察左右和后面有无车辆和行人。

通过车内后视镜和左右后视镜观察

2）开门。打开车门锁，将车门首先打开一点，再次观察，确认安全后，再开车门，快速下车。

3）关门、锁门。先关到离关闭位置10cm左右，再用力将门关严。按下锁按钮，推门把手将门锁上；或者用钥匙锁门；或者用遥控装置锁门。

确认安全后打开车门少许

3. 起步前准备的易犯错误及纠正方法

（1）忘记系安全带　大部分学员在学习驾驶的时候是不系安全带的，这样在考试时忘记系安全带自然也就是常见的事了，要知道不系安全带可是不及格的。

（2）没关好车门就开车　学员驾驶考试一般都是匆匆忙忙的，上车后一带车门就发动车辆，也不检查车门是否关得牢靠。

（3）考试时穿着随便　有些学员考试时穿着随便，如穿高跟鞋或拖鞋。

（4）没调整好后视镜和座椅位置　无论是桩考还是路考，一定要把考试车的后视镜和座椅调整到适合自己的位置，使自己能够从后视镜清楚地看到车两侧以及车尾边角的情况。

座椅的高度与方向盘的远近距离也要调节好，保证在考试时能够清楚地看到前方路面情况，并能有效地对车辆进行正确操控。

（5）行车途中接听电话　有的学员考试时开着手机，正考着试，手机忽然响起来了，一看是比较重要的电话，于是也不顾考试，拿起电话就接。

（6）行车时吸烟　有些学员为了向考官表示友好，上车后会主动递上香烟。要知道吸烟不仅影响学员的注意力，而且影响操作的准确性，在夜间还会影响行车视力，对于行车安全有害而无益，很多考官也是十分反感的。

二、起步

起步是指汽车由静止状态到安全行驶之间的过程。汽车起步要求安全、平稳、一次起步。安全是指起步前观察要到位，起步过程中的各机件操作步骤要正确；平稳主要是指汽车起步要平顺稳当，不前冲或后溜；一次起步是指考生要一次起步成功，不出现熄火。

1. 起步的评判标准

1）制动气压不足起步（气压制动的汽车），不合格。

2）车门未关闭起步，不合格。

3）起步前，未通过后视镜并向左方侧头，观察左、后方交通情况，不合格。

4）起动发动机时，变速器操纵杆未置于空挡（或者 P 挡），不合格。

5）不松开驻车制动器起步，未及时纠正，不合格。

6）不松开驻车制动器起步，但能及时纠正，扣 10 分。

7）发动机起动后，不及时松开起动开关，扣 10 分。

8）道路交通情况复杂时起步不能合理使用喇叭，扣 5 分。

8）起步时车辆发生闯动，扣 5 分。

9）起步时，加速踏板控制不当，致使发动机转速过高，扣 5 分。

10）起动发动机前，不调整驾驶座椅、后视镜，不检查仪表，扣 5 分。

2. 起步的技巧

1）做好起步的准备工作。学员上车后，做好驾驶姿势、座椅、安全带和后视镜等相关内容的调整和检查。调整驾驶姿势标准的距离是：当双手握住方向盘 9 点和 3 点方向时，手臂微弯。其调整方法是：调整座椅距离，手臂平行前伸，放置在方向盘顶部，调整方向盘高度，使手臂高度与肩齐，此时锁定方向盘即可得到合适的距离。安全带高度绝对不能低于肩部，最好高出 5～10cm，并保证系上安全带后，安全带从左侧锁骨中间穿过，如图所示。

观察车前、车后有无来车、行人和障碍物。

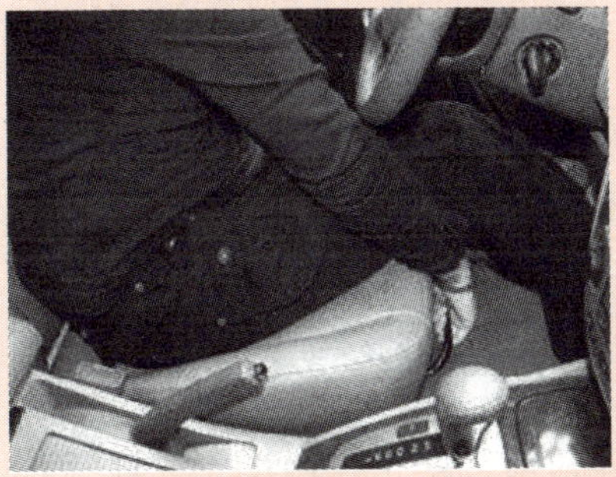

调整座椅

调整方向盘间高度

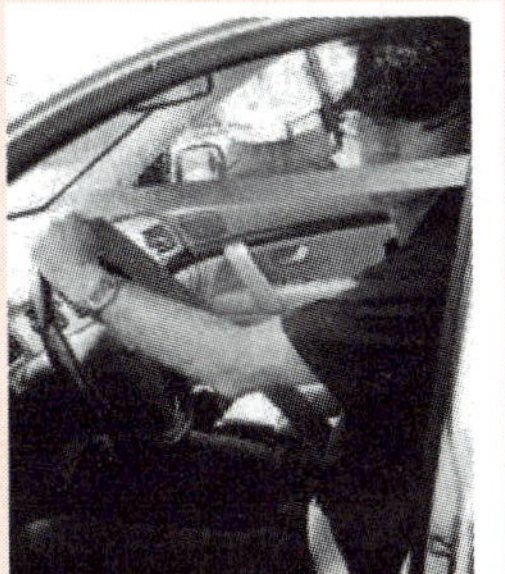

系安全带

点火后观察仪表盘

2）打着点火开关。起动发动机并进行适当的预热，观察发动机的运转情况，以及各仪表的指示状况，待达到标准后再起步，如图所示。待运转平稳正常，水温、制动气压（指气压制动系统的车辆）均达到标准后，方可起步。

3）切断离合器。发动机起动运转正常后，经确认汽车周围无障碍，且具备汽车起步的一切条件，用左脚将离合器踏板踩踏到底，使离合器彻底分离。

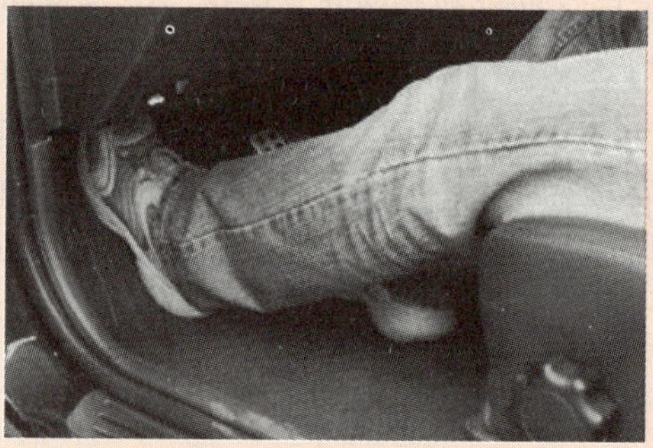
切断离合器

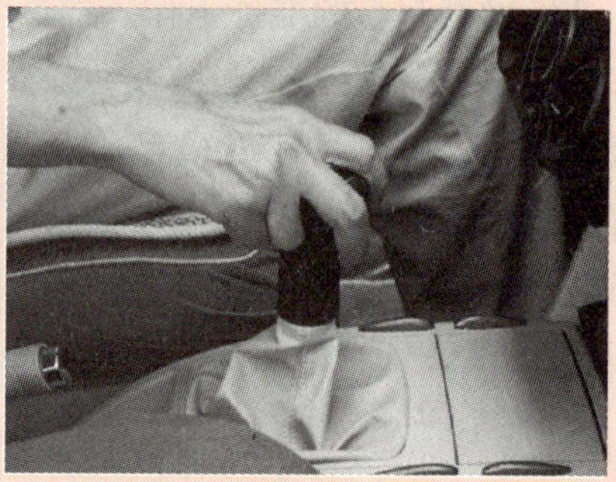
变速杆置入一挡

离合器踏板要踩到底，如果离合器不能彻底分离，发动机输出的动力与变速器之间半联动，此时换挡，不仅变速器会发出齿轮撞击的异响声，同时还会对机件造成损伤。

4）变速杆置入一挡。将变速杆置入一挡，如果第一次换挡不顺利，可将变速杆拉回空挡位置，再进行第二次换挡，直至顺利完成。

换挡前一定要辨认清楚变速器各挡位置，防止挂错挡，换挡动作要干脆利落，不要犹豫不决、拖泥带水。

5）松开驻车制动器操纵杆使驻车制动器完全松开。驻车制动器如松开不彻底，会产生制动、拖滞现象，使汽车不能顺利起步，此时如果勉强起步，在行驶中也会因驻车制动的拖滞而使车速不能提高，同时还会造成驻车制动器损坏。

松开驻车制动器时，要观察仪表盘上的驻车制动器指示灯的指示状况。若指示灯亮，则驻车制动器未完全松开，应进一步向前推驻车制动器操纵杆，直到驻车制动器指示灯熄灭。

6）观察汽车周围情况。汽车起步前，一定要观察周围情况，进一步确定是否安全。

汽车前方情况可从前窗观察，一目了然；汽车侧方及后方情况可通过后视镜观察，或降下车窗玻璃将头伸出窗外观察。

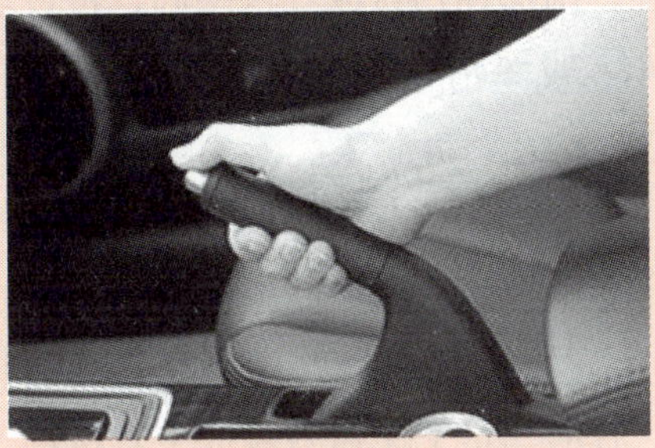
松开驻车制动器

观察汽车周围情况

7）试踩踏加速踏板。左脚踩住离合器踏板，维持离合器脱离状态；用右脚尖踩下加速踏板，验证加速踏板控制可靠。

用右脚尖踩下加速踏板时，注意倾听发动机运转声音的变化，发动机转速应随之上升，以此验证加速踏板控制可靠。

8）油离配合。顺利起步在上述检查一切正常后，打开左转向信号灯，鸣喇叭示意，握稳方向盘，轻踩加速踏板，缓抬离合器踏板，运用加速踏板和离合器的合理配合，使离合器平顺接合，车辆平稳起步。

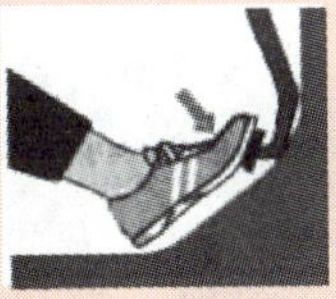
踏下离合器踏板

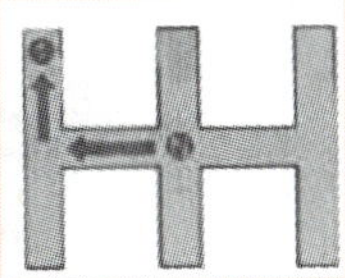
挂入一挡

放松驻车制动器

轻踏加速踏板

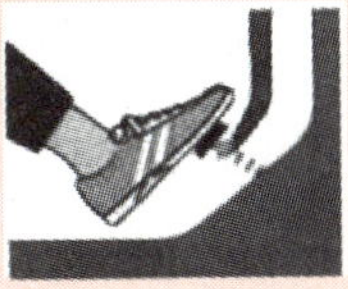
放松离合器踏板
油离配合

一边踩加速踏板，
一边松离合踏板

左脚快抬听声音，音变车抖稍停顿；右脚平稳踏“加速踏板”，左脚慢抬车前进。

9）起步后的处理。汽车平稳起步后，左脚应从离合器踏板上移下来，使离

4

合器踏板完全松开，不要将脚闲置在离合器踏板上，因为左脚有时不由自主地稍微向下一用力，就容易造成离合器半联动，时间久了会磨坏离合器摩擦片。起步后靠道路右侧行驶，切忌迅速驶入道路中央；用低速挡行驶一段距离，待传动系统各部机件活动后，再加速前进。切忌猛踩加速踏板或强行挂挡，以免损坏机件。

3. 起步的易犯错误及纠正方法

1）没看清周围的情况就起步。起步时一定要确保车辆四周没有人员和其他障碍，前后左右方无来车，再鸣喇叭起步。有的学员上车后只顾低头看机件，不看清前、后方和道路两侧的情况就起步，这是错误的。

2）不检查仪表就起步。起动发动机后，学员未检查仪表的工作情况就直接起步，这是错误的。要知道刚刚起动发动机时，水温表显示的温度会很低，需要一段时间的预热，达到合适的温度再开动汽车。对于气压制动的车辆，制动灯的检查尤为重要。

3）起步时驻车制动器未放或未放到位。有些学员经常会忘记松开驻车制动器或者松开驻车制动器时未能彻底松开就上路，这是非常毁车的一种行为。这种操作对驻车制动器的磨损非常严重，会严重影响驻车制动器的使用寿命。

不松开驻车制动器就起步

4）起步未打转向信号灯，或打转向信号灯未看后视镜，或未鸣喇叭。学员一起动车，右脚平稳加油就挂挡出发，没有打转向信号灯、看后视镜、鸣喇叭。要知道打转向信号灯是告知后车本车的动向，看后视镜是为了使情况掌握得更加清楚，而鸣喇叭则主要是告知前方行人或车辆本车的动向，无论哪一方面，都不能掉以轻心。

5）未起步时原地转动方向盘。有的学员在车辆还未起步，就直接在原地转动方向盘，这样操作对轮胎和转向系统都有很大危害，会大大增加轮胎表面的磨损，缩短轮胎的使用寿命，还可能会造成助力系统的漏油等故障。

未起步时原地转动方向盘

6）起步后迅速变更车道。这主要体现在性格急躁或对道路情况比较熟悉的学员身上。总认为迅速上道能够快速行车，或在考官面前显示自己的车技，这样会给正常行车道上快速直行的车辆无反应时间，易造成交通事故。

起步后不能立刻变更车道

起步后加速过快

7）起步后急加速行驶。有的学员为了显示自己的驾驶技术熟练，开车一起步，像离弦之箭，看起来很潇洒。结果是既伤车、费油，又不安全，自然也要扣分了。

8）连续起动车辆。如果发生汽车起动不畅，连续、频繁地起动发动机会增加蓄电池的电量损耗，甚至造成亏电而无法起动。另外，长时间让起动机连续工作，会造成起动机过热，甚至烧毁。

9）起步不稳。起步时动作太快，离合器踏板、加速踏板和制动踏板配合不当，导致车辆有冲、抖动、熄火和间歇拱动等现象。

10）起步选择挡位不合适。汽车选用挡位要根据汽车所处的条件、道路和坡度等具体情况。一般在平坦、坚实的道路或场地上，应选用一挡或二挡起步；如果处于严寒气候、松土地段或上坡路时，必须使用一挡起步；在冰雪、泥泞的道路上也必须用一挡起步，同时还应清除车轮下冰雪、泥浆或在车轮下铺撒砂土。

11）起步后仍将左脚放在离合器踏板上或起步时忘了将驻车制动器操纵杆松开，这些往往是新手容易犯的毛病。

不能连续起动车辆

三、直线行驶

1. 直线行驶的评判标准

对于新手来说，直线行驶的要求就是要做到掌握车辆行驶动态，控制方向平稳，保持车辆直线运动状态，处理交通情况适当。直线行驶的要求包括以下几方面：

1）方向控制不稳，不能保持车辆直线运动状态，不合格。

2）遇前车制动时不采取减速措施，不合格。

3）不适时通过内、外后视镜观察后方交通情况，扣10分。

4）未及时发现路面障碍物或发现路面障碍物未及时采取减速措施，扣10分。

2. 直线行驶的技巧

1）汽车直线行驶位置的确定直线前进时，要根据学员座椅中心与汽车纵向中心的距离来确定汽车行进的适当位置。

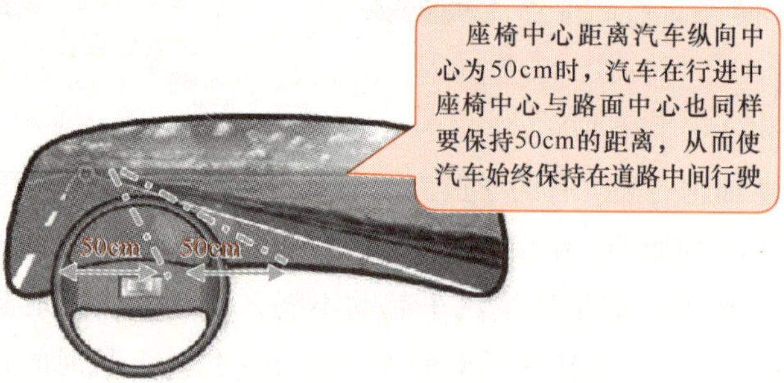

直线行驶位置定位

2）汽车直线行驶方向的注视要根据行驶车速及时调整行驶前方注视距离，车速升高，注视距离就应延长。当车速在40～50km/h行驶时，学员必须要看到前方120～150m范围内的道路情况，以便发现安全视野内的行人和车辆时能立即采取措施。

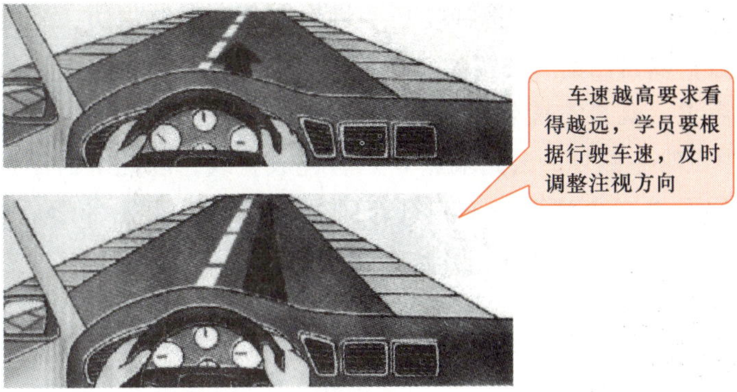

直线行驶方向注视

3）汽车直线行驶方向的操纵与控制。汽车直线行驶时，学员双手保持与肩同宽，握住方向盘，双手用力不要太大，方向盘有 25～50mm 的自由间隙。汽车在道路上行驶时，路面的不平要反映到方向盘上，方向盘左右有轻微摆动；当路面不平冲击前轮使汽车方向偏斜时，学员要及时校正方向，以便维持汽车直线行驶。行车时，学员要做到目视前方，看远顾近，注意两旁。行驶中，发现行车方向偏移时，应及时修正方向。

当车头向左（右）偏斜时，应向右（左）转动方向盘，当车头行驶到行驶路线时，再逐渐将方向盘回正两手操纵方向盘要平稳、自然。

当车头偏斜时及时修正方向

4）直线行驶距离的控制。直线行驶时，一个重要的技巧是对行车速度和跟车距离的控制，常用“两秒钟”规则。

“两秒钟”规则

5）汽车直线行驶的目标选择技巧。将汽车开到公路右边，坐入驾驶室，身体对正方向盘，以自己的目光沿发动机盖中点略左侧处斜视下去，目光所能看到的公路最近点 B，就是右前轮直线行驶的运动轨迹。将学员的目光、发动机罩（车前罩）中点略左侧处，公路端点 B 三者连成一线，以此来估计直线行驶时的车辆位置，称为“三点法”——直线行驶目标技巧。由于各学员的身高不同，各人的目光所看到的公路最近点 B 也会略有不同，如图所示。

灵活、准确地决定目标

3. 直线行驶的易犯错误及纠正方法

（1）坐姿不对　坐姿要么过于靠近方向盘，导致视线过近；要么过于后仰，导致视线偏上。

（2）“画龙”　前进有的学员会乱动方向盘或一点也不敢动方向盘，使车辆行驶呈现“画龙”或偏斜。

（3）盲目追求高挡位行车　有的学员为了显示自己的驾驶水平，一起步就迅速挂入高挡位，要知道挡位选择该高时应高，但盲目追求高挡位，会造成拖挡行驶。

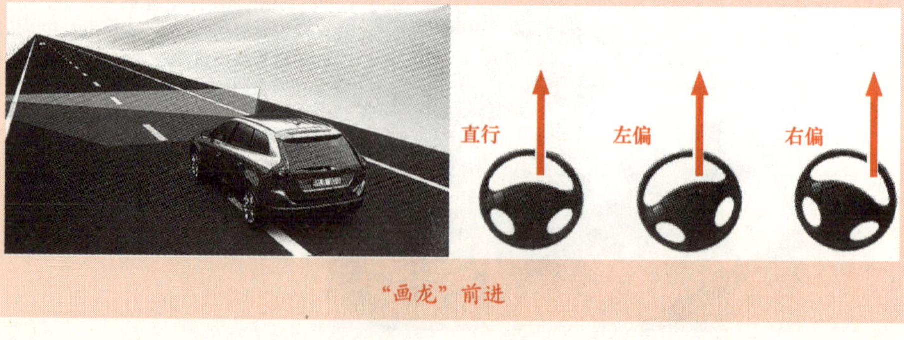

“画龙”前进

（4）行车时观察过近或过远　有些学员总担心车辆不能直行，只看车辆前很近的距离；有些学员则担心前方的信息不能尽数观察，眼光一直看着远方。这两种方式都不利于车辆直行，而且还很容易引发车辆事故。

（5）行车时偏左或偏右　学员对车辆前方路面的目测能力比较差，汽车方向容易行偏，尤其是偏左行驶较为普遍。这是因为学员坐在驾驶室左侧操作，对公路右侧不能正确估计的缘故。

四、加减挡位操作

根据道路交通状况和车速，合理加减挡，换挡及时、平顺。

1. 加减挡位操作的评判标准

1）未按指令平稳加、减挡，不合格。

2）车辆运行速度和挡位不匹配，扣 10 分。

2. 加减挡位操作的技巧

（1）低速挡换高速挡　汽车起步后，只要道路和地形情况条件允许，可逐渐踩下加速踏板以提高车速。当车速适合换入高一级挡位是（标准两脚离合器法），立即抬起加速踏板，同时踩下离合器踏板，将变速操纵杆移入空挡，随即松起离合器踏板，再踩下离合器踏板，并迅速把变速操纵杆换入高一级挡位的车速。接着边抬离合器踏板，边踩下加速踏板，待加速至更高一级挡位的车速时，再以上述操作方法换入更高一级挡位。

关键是要掌握好“冲车”的程度。所谓“冲车”就是踩下加速踏板提高车速至所增挡的最低车速的过程。冲车应当平稳、有力，不可过缓，也不可过猛。通常情况下（简称“三个一点”），重车冲车时间要长一点，高速挡冲车距离要比低速挡冲车距离长一点，上坡增挡冲车要比平路上冲车猛一点。

（2）高速挡换低速挡　汽车在行驶中，用高速挡难以提供足够的牵引力时，需要有高速挡换入低速挡，此操作也称为减速挡。一般减挡操作方法是：抬起加速踏板的同时踏下离合器踏板，把变速操纵杆移入空挡，接着抬起离合器踏板随即踩下加速踏板加空油，再迅速踏下离合器踏板，将变速杆换入低一级挡位后，松开离合器踏板，同时踩下加速踏板，使汽车继续行驶。

关键在于掌握加空油的大小程度。加空油的程度，随车速与挡位而定。换同

4

一挡位，车速快，空油要多加；车速很慢时，几乎可以不加空油。不同的挡位减挡时，加空油的区别是：减速比差小的，空油可少加；减速比差大的，空油要多加。带同步器的，就不必加空油。其次注意各种交通情况，人行道、马路、医院、学校等人多车流复杂的地段，提前减速，红绿灯提前100m踩离合器踏板减慢速度，快到时踩制动器踏板，回空挡拉驻车制动器；转弯也要减速，来不及减速就轻踩制动器，带离合然后减挡，转弯一般挂入三挡通过。

3. 加减挡操作的易犯错误及纠正方法

（1）换挡顿挫　原因：离合时，发动机转速与当时的车速不匹配，即发动机转速与离合器片转速存在转速差。纠正方法：只要换入新挡位后，在抬离合器至半联动时，使发动机转速等于或稍高于离合器片转速，就可有效地防止顿挫。

（2）越级换挡　原因：挡位不熟，动作慌乱。纠正方法：在模拟器上反复练习，快速加减挡，要达到快而不乱。

（3）不能单手控制方向　原因：对单手操作不适应。纠正方法：在模拟器上反复练习单手转向练习30次以上，实车高速行驶过程中，特意体会单手操作的感觉，培养单手操作的习惯。

（4）熄火　原因：离合器踏板抬得过快。纠正方法：适当踩下加速踏板。

五、变更车道

在一般情况下，各种机动车在道路上行驶，应当按规定各行其道。但在一定情形下，机动车可以借道通行。变更车道由于要兼顾行车速度、看后视镜、鸣喇叭、打转向信号灯等，容易出错。

1. 变更车道的评判标准

1）变更车道前，未通过内、外后视镜观察后方道路交通情况，不合格。

2）变更车道时，判断车辆安全距离不合理，妨碍其他车辆正常行驶，不合格。

2. 变更车道的技巧

（1）观察要全面

1）认真观察后方情况。汽车准备变更车道时，必须要通过后视镜对车后情况进行认真观察，确认有无妨碍情况。

2）仔细观察侧方情况。变更车道行驶时，通过左、右后视镜仔细观察汽车侧方情况，确认汽车的侧面有无并行汽车。如果在准备变更的车道上有并行汽车，就不能强行变更车道。

变道时要认真观察

（2）给出变更车道信号　通过观察确认汽车后方、侧方和准备变更的车道上没有汽车时，打开左或右转向信号灯提示其他汽车注意。

发出变更车道信号

（3）变更要合理有节　发出变更车道的信号后，汽车再继续行驶约3s后，向左或右轻打方向进行变道。如果太快，会使其他汽车措手不及，容易引起事故。

3. 变更车道的易犯错误及纠正方法

（1）强行变更车道　相邻的车道有来车暂不允许变更车道时，必须制动停让，强行变更易发生碰撞事故。若避让障碍变更车道，前方应留出足够的安全距离，适当提前进行变更。

（2）转向过急　变更车道时，应避免急打方向盘驶入相邻的车道，防止与突然出现的汽车相碰撞或因路面附着条件差引起汽车侧滑。

忌转向过急

（3）动作太慢　变更车道动作慢，

长距离压线行驶会影响到其他汽车，一般应在50m的距离内完成变更车道。

忌动作太慢

六、靠边停车

车辆停车或停放位置不当会影响交通考试而不合格，严重时还会引起事故。因此考生在考试临近结束时，切莫粗心大意，要保持好考试的心态，按照要求将汽车停放在合适的位置。

4

1. 靠边停车的评判标准

1）停车前，不通过内、外后视镜观察后方和右侧交通情况，不合格。

2）考试员发出靠边停车指令后，未能在规定的距离内停车，不合格。

3）停车后，车身超过道路右侧边缘线或者人行道边缘，不合格。

4）停车后，在车内开门前不侧头观察侧后方和左侧交通情况，不合格。

5）下车后不关闭车门，不合格。

6）停车后，车身距离道路右侧边缘线或者人行道边缘大于30cm，扣10分。

7）停车后，未拉紧驻车制动器，扣10分。

8）拉紧驻车制动前松开行车制动踏板，扣10分。

9）下车前不将发动机熄火，扣5分。

2. 靠边停车的技巧

1）在停车前，一般应选择交通规则允许停车，平坦、宽阔、交通情况简单的地段停车。在道路上停车时，应顺行进方向停在道路右侧，距人行道（路边、路肩）不超过30cm。如与其他车辆临近停放时，应与其保持2m以上间距。不准逆向停车。

2）在坡道上停车时应拉紧驻车制动器，把挡位挂入与前进方向相反的挡位，并用三角木或石块塞住车轮，以防车辆溜动而发生事故。同时，还应关闭电路，锁好门窗。

3）学员下车前应观察后视镜，以防开车门时妨碍其他车辆行驶，甚至造成事故。

4）夜间停车（包括夜间出现故障停车修理）须开示廓灯及尾灯，以显示停车目标。

5）特殊情况下在公路转弯处或在危险地段停车，应在停车地点前后 100 ~ 150m 处设一个危险报警的醒目标志。夜间停车或在大雨、大风、大雾的天气中停车，要打开小灯（示廓灯），如有双闪灯装置的车辆，要打开危险报警闪光灯，以提醒过往车辆注意。

设置危险三角标志牌

夜间停车打开示廓灯

3. 靠边停车的易犯错误及纠正方法

（1）行车道上突然停车　突然停车就是不先滑行减速，不靠边就紧急制动，这很容易使后边紧跟的车辆来不及制动而撞到前车上。

行车道上突然停车

（2）禁止停车地点停车　消防队大门外，公安局、刑警队大门外，医院、急救中心门外，道路交通法规中规定的路段，不准停车，如图所示。在这些地点倒车，不仅可能会影响公勤人员执行公务，而且这些地方人多车多，交通情况复杂，容易出现事故。

（3）逆向停车　逆向停车是指汽车没按行车方向靠右停放，而是逆向停在左侧车道上。逆向停车增大了在道路上占据的空间，给对面正常行驶的车辆带来了不便，给来往车辆造成险情或发生事故。

禁止停车点

逆向停车

（4）在光线不良时忘记开灯示意　在光线不良时不开示廓灯、尾灯或危险报警闪光灯，添设了路面上的固定视障。高速行驶的后面来车或对向车辆往往无法判断远方车辆的运动状况，极易造成追尾、碰撞事故。

光线不良停车要开灯示意

停车后不要立刻下车

（5）停车后立即下车　有些学员一停下车辆后，看对向没有来车就急匆匆地下车，要知道如果后方车辆没有觉察到前方车辆会有人下车，按照正常的行驶路线和行驶速度通过你的车辆时，你就有可能被后车撞上。

七、通过路口

交叉路口是交通信息的交织点，具有冲突点多、视线不清盲区多、车与行人多的特点，对交通情况的处置复杂，尤其对于考生来说，很容易出现这样那样的错误。在考试过程中，学员在通过交叉路口时应倍加细心，熟记一慢二看三通过。

1. 通过路口的评判标准

（1）直行通过路口

1）不按规定减速或停车瞭望，不合格。

2）不观察左、右交通情况，转弯通过路口时，未观察侧前方交通情况，不合格。

3）遇有路口交通阻塞时进入路口，将车辆停在路口内等候，不合格。

4）左转通过路口时，未靠路口中心点左侧转弯，扣 10 分。

（2）路口左转弯

1）不按规定减速或停车瞭望，不合格。

2）不观察左、右交通情况，转弯通过路口时，未观察侧前方交通情况，不合格。

3）遇有路口交通阻塞时进入路口，将车辆停在路口内等候，不合格。

4）左转通过路口时，未靠路口中心点左侧转弯，扣 10 分。

（3）路口右转弯

1）不按规定减速或停车瞭望，不合格。

2）不观察左、右交通情况，转弯通过路口时，未观察侧前方交通情况，不合格。

3）遇有路口交通阻塞时进入路口，将车辆停在路口内等候，不合格。

4）右转通过路口时，未靠路口中心点右侧转弯，不合格。

2. 通过路口的技巧

1）提前控制行车速度。汽车进入交叉路口一般要提前 50～100m 减速，车速控制在 20km/h。

2）通过有快、慢车道的交叉路口。要在停车线以外 50～100m 处变换车道。高速车在交叉路口右转弯时应换入慢车道，低速车在交叉路口左转弯时应换入快车道。

3）各种车辆在交叉路口要注意交通标志和信号服从指挥，不能在停车中抢信号起步，不能突然加速强行通过。

4）在交叉路口转弯时，要先发出转向信号转向路线尽可能靠近道路中心线。

① 右转弯时，要缓慢且随时注意汽车转向内轮差的影响，防止内前轮通过后，内后轮掉沟或撞及建筑物，或汽车横切路口转角而开上人行道。

② 左转弯时，因存在许多冲突点，要特别小心，认真观察，谨慎驾驶。

车辆在路口时要按通行规则通行

提前打开转向信号灯

按交通规则行车相互礼让

4

3. 通过路口的易犯错误及纠正方法

（1）不按规则转弯　有的学员常把“向左转弯转大弯，向右转弯转小弯”的转弯规则抛置脑后，而是只顾自己方便，不顾他人行车。

（2）转弯的同时打开转向信号灯　有的学员习惯了在车辆将要转弯时才打开转向信号灯，指示自己的行车方向。若采用这种方法转弯，常因后面的车辆反应不及而发生碰撞。

转弯发生碰撞

（3）转弯不减速　车辆在交叉路口转弯时，要求减速慢行，但有的学员自认为技术已经比较娴熟，高速通过，结果造成事故。

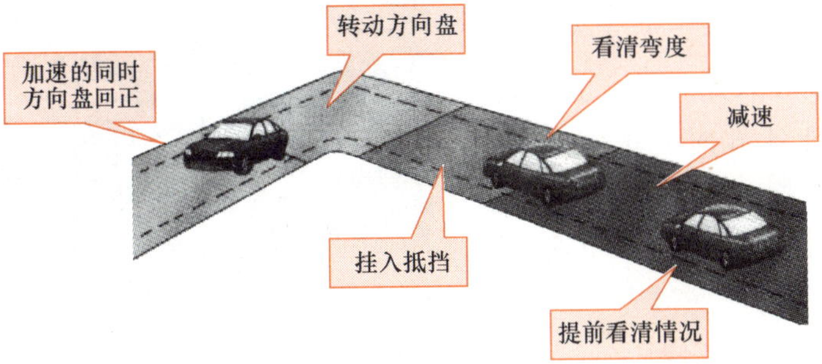

转弯不减速

（4）转弯前对周围交通情况观察不细致　特别是在一些没有交通信号指示的路口，有的学员对周围的交通情况不做细致观察就盲目转弯行车。虽然节约了一时的时间和精力，但若遇有突发情况，就很难处理了。

（5）转弯路口挤占强行　特别在比较繁华的交通路段，有的学员担心被堵，无视信号灯或警察的指挥，挤

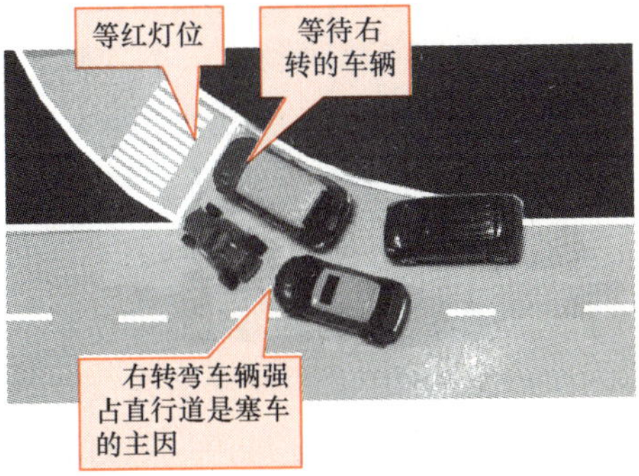

挤占强行易出事故

占强行。

（6）麻痹盲目行车　有的学员跟车行驶时，注意力高度集中或者过于关注考官，没有观察到路口信号灯，当发现红灯亮时已越过停车线。

遇有红灯要慢慢等

（7）心情急躁，借道、占道超车或穿插正在等候的车辆　有些学员不管前方是否拥堵，只要绿灯放行，就将车辆驶入路口中，这样严重影响了其他各方向的车辆通行，也给自己的考试带来不必要的麻烦。

占用道路影响交通

八、通过人行横道线

1. 通过人行横道线评判标准

1）不按规定减速慢行，不合格。

2）不观察左、右方交通情况，不合格。

3）未停车礼让行人，不合格。

2. 通过人行横道线的技巧

一般人行横道线的设置多在交叉路口，对于城市道路而言，多有红绿灯，学员除要严格按照“红灯停、绿灯行”的交通法则行车外，有时即便是绿灯，也要主动减速，观察慢行。

对于没有红绿灯的路口，则更要提前减速，仔细观察后再慢慢通过。切莫以为是绿灯或者没有人就可以加速或者不减速通过，如图所示。为此，要做到：

1）提前减速。无论是红灯还是绿灯，都要提前减速。

2）特别提高警惕。对于那些没有红绿灯指示的路口，则更要仔细观察。

3）慢速通过。在确定可以安全通过的前提下，慢速通过。

礼让通过人行横道线的行人

3. 通过人行横道线易犯错误及纠正方法

跟车行驶距离过近。繁华道路由于人多、车多，交通较拥挤，有的学员常紧跟前车行驶，在前车突然制动的情况下，易发生追尾事故。

街道行车不能跟车太近

九、通过学校区域

1. 通过学校区域评判标准

1）不按规定减速慢行，不合格。

2）不观察左、右方交通情况，不合格。

3）未停车礼让行人，不合格。

2. 通过学校区域的技巧

通过学校门口慢行

学校区域前一般都设置有“前方学校，减速慢行”的标志，考生们在陌生路段考试过程中，一定要注意留意路边的标志。一旦发现这些标志，一定要在减速的同时，观察周围行人的情况，慢速通过。

1）提前减速通过学校区域，无论路上是否有学生通过，都要减速。

2）仔细观察特别是一些小学的路口，由于小学生安全防范意识差，有时会突然穿过马路。

3）慢速通过。

3. 通过学校区域易犯错误及纠正方法

禁鸣区内鸣喇叭

（1）超车、会车速度快，观察不仔细　繁华路段、交叉路口、人行横道、公交站台前都是人车交会较多的地方，有的学员在没有仔细观察的情况下盲目行车，结果遇到突然穿越马路的小孩，常常措手不及，就算考官给您紧急制动停住了，等待您的恐怕也是补考了。

（2）禁鸣区内鸣喇叭　在医院、学校等单位门口，都悬挂有禁鸣标志，这些区域人流量比较大，红灯时间也较长，有些心情急躁的学员，为了尽快结束考试，常不自觉地鸣喇叭，既吵人又违反了规定。

十、通过公共汽车站

1. 通过公共汽车站评判标准

1）不按规定减速慢行，不合格。

2）不观察左、右方交通情况，不合格。

3）未停车礼让行人，不合格。

2. 通过公共汽车站的技巧

公共汽车站行人多，有的行人为了道马路赶车，往往不顾及路上车辆情况，突然横穿。因此，在通过公共汽车站的时候，要求考生务必做到减速、观察、慢行。

通过公共汽车站防止窜出行人

1）提前减速特别是遇到有公交车停站时，由于公共汽车车身大，会出现很大的观察盲区，考生在遇到这样的情况时，应提前减速。

2）仔细观察观察行人过马路情况和公共汽车离站情况，在通过时，还要注意查看后视镜，观察车周围的情况。

3）慢速通过。

3. 通过公共汽车站易犯错误及纠正方法

（1）起步前观察不仔细　繁华街道由于受条件的约束，停驶车辆的周围一般都有其他停驶车辆，有的距离很近，若起步时不仔细观察，不准确估计周围车辆、障碍物的距离，很容易出现刮碰。

起步观察不仔细会刮碰

（2）随意停车　对于刚刚驾车不久的新手来说，担心自己的驾驶技

4

术，一般很少在繁华路段停车，但对道路两边的禁止停车标志标牌却无暇顾及，结果造成停车违法。

（3）闯红灯　学员闯红灯的主要问题是存在视线盲区。有的小车近距离跟在大车后行驶，临近路口由于观察不到信号灯，在大车刚过停车线出现红灯时，后面小车就有可能越过停车线。

违法停车

十一、会车

会车是驾驶技能的综合运用的体现，如果观察不周到细致，考虑不周全，采取措施不恰当，则会发生危险。一般汽车在交会时，要求双方都要降低车速，并选择视野良好、道路宽阔、交通情况较少的地点会车。在考试过程中，考生要始终牢记一个“周”字，细心驾驶。

1. 会车的评判标准

1）在没有中心隔离设施或者中心线的道路上会车时，不减速靠右行驶，并与其他车辆、行人或者非机动车未保持安全距离，不合格。

2）会车困难时不让行，不合格。

3）横向安全间距判断差，紧急转向避让相对方向来车，不合格。

2. 会车的技巧

（1）会车前的准备　有准备地会车才能避免盲目性，避免会车在临近时心理上的慌乱和操作上的忙乱。为此，会车前要做到“一看”、“二算”、“三慢”：

一看，即看对向来车的车型、速度、装载情况，前方道路的宽度、坚实情况，路旁行人、车辆情况，

会车（一看）

路旁停车以及障碍物情况等。

二算，即通过观察和比较估算出两车交会时的大致位置，占路情形，以留出合适的横向安全间隔。

三慢，即凡遇会车就应有慢的思想准备，临近交会时条件不良更应控制车速，以便在发生突然情况时能较好地处置转向和制动，达到两车顺利交会的目的。

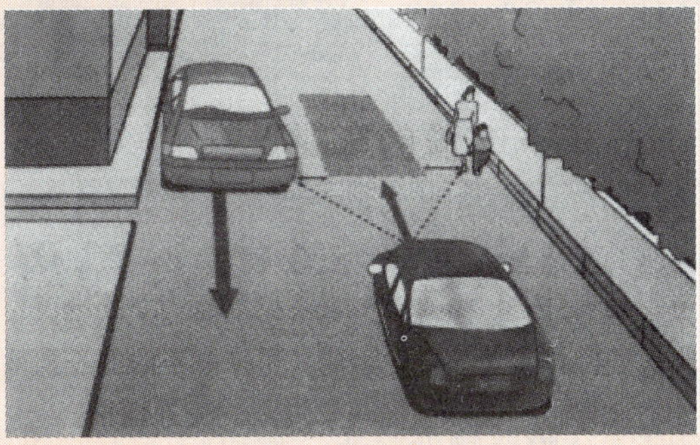

会车（二算）

（2）会车时的要领

1）要视情况确定能否顺利会车。若道路狭窄，会车余量很小，道路右前方有车辆停放或障碍物，道路右侧路基松软，有较深的沟渠或傍山，有较多行人、非机动车时，要慎重对待，不能盲目交会，必要时应停车让行。

让非机动车

2）在能够顺利会车时，应严格遵守让车的有关规定，不能故意占线抢道、乱甩方向。

会车时要相互让

3）要严密注视对向来车后方的异常情况，以防来车后方行人、非机动车或牲畜突然窜出，车辆来不及躲闪。

留意对方车后情况

3. 会车的易犯错误及纠正方法

1）在窄桥、窄路、隧道、急弯等复杂危险地点会车。若在这些地段遇有来车，应视来车速度、车辆大小、距离和道路条件等情况，正确地控制车速，避开复杂、危险地段，交会前要仔细观察两头宽阔的地点交会。若离危险地段比对方车远，则提前减速或停车，让来车先通过危险地段，反之可提前加速通过危险地段，再与来车交会。弯道处会车，视线受阻，要严格遵守靠右通行原则，保持一定的侧向间距，严禁占道行驶。

2）遇有障碍物时，在障碍物处会车，形成“三点一线”交会这样很危险，特别是在道路不太宽而障碍又比较多的地方更是如此。如果障碍物是自行车、行人，则更加危险。

3）交会时横向距离过大或过小。会车时两车间的距离留得过小或对方车辆没有让出中心线，影响到双方的行驶路线和视线；会车时过于靠边行车时，会刮碰路旁的电杆、树木、阶石或其他尖锐障碍物，轻则擦伤轮胎，重则驶下路基甚至翻车。

会车要避免“三点一线”

会车横向距离过小

4）交会前对道路交通情况分析不细致。有的学员心理过分紧张，不注意观察对面车辆后方的情况，贸然高速会车。等到发现有意外情况时，为时已晚。

5）交会时强行占用对方车道。许多学员觉得自己车速快，自己车辆前方有情况不便让车，强行占用对方车道，侵犯别的车辆通行权和优先行驶权，容易造成阻塞，诱发交通事故。

交会时不要强行占用对方车道

6）情况复杂时，交会不减速鸣喇叭。在弯道、陡坡、交叉路口等特殊路段会车出现视线盲区时，不鸣喇叭减速，只凭感觉行驶。当来车后方有车辆、行人或牲畜突然窜出，车辆会来不及躲闪。

7）车速过快。有的学员认为，两车交会时，速度越快，两车交会的时间越短，两车就越安全，这是极其错误的。要知道，两车交会时会产生虹吸力，影响行驶的稳定性，加上有时道路条件的限制，如果车速过快，是极其危险的。

下坡不忘让上坡

8）不按照车辆上、下坡让行规则会车。有的下坡车学员怕停车影响考试，在汽车行驶或滑行至半坡时，即使看到了上坡的汽车也仍然我行我素，不予理睬。

9）会车后盲目行车。有些学员认为已经顺利会车，大功告成，可以加速前行了。岂不知，会车后，在交会的盲区内可能还有行人、自行车、摩托车等从相会的汽车后突然冲出。

留意对方车后情况

十二、超车

超车事故隐患突出、影响安全因素多，稍有不慎则会造成事故。为了正确处理超车时两车相互关系，保证超车安全，我国《道路交通法规》对超车做出了具体规定，只有在条件许可时才能超车。在考试过程中，没有特殊情况，考生最好不要超车驾驶。因为超车不仅要考验考生对周围情况的判断能力，也是对考生正确判断行车速度、准确操作驾驶机件、顺利完成超车的全方位考察，稍有不慎很容易出现差错或事故。

1. 超车的评判标准

1）超车前不通过内、外后视镜观察后方和左侧交通情况，不合格。

2）超车时机选择不合理，影响其他车辆正常行驶，不合格。

3）超车时，未侧头观察被超越车辆动态，不合格。

4）超车时未与被超越车辆保持安全距离，不合格。

5）超车后急转向驶回原车道，妨碍被超车车辆正常行驶，不合格。

6）在没有中心线或同方向只有一条行车道的道路上从右侧超车，不合格。

7）当后车发出超车信号时，具备让车条件不减速靠右让行，扣 10 分。

2. 超车的技巧

（1）尾随前车待超　超车前，观察被超车的行驶速度，保持一定的安全距离，等速、等距尾随前车待超。

尾随前车待超

（2）判断超车条件　根据自己车辆的加速能力，判断对方的车速、超车所需的时间和距离。观察超越地段道路的宽度和状况，有无交会的车辆和障碍等情况，正确判断能否超车。

选择好的超车路段

（3）文明有礼地发信号　当判断可以超车时，距前车约50m，开左转向信号灯、鸣喇叭，向前车左侧靠近。夜间须变换远、近光示意通知前车，以防前车向左侧靠近，发生险情。

尾随前车等待超车时机

（4）确认前车让车　超车前必须确认前车让车后才能超车，不得盲目超车或强行超车。不要认为我一鸣喇叭，对方就该马上让道。如无视前车情况，一味鸣喇叭要让路，是不安全也不礼貌的。万一前车突然出现情况，采取紧急制动，超车者就会措手不及，撞上前车。同时要提防前车虽然靠右行驶，但并非让车，而是在选择路面行驶。

让车让到位

（5）超车速度的选择　由于超车习惯和超车环境的不同，超车速度的选择应本着从容自如、缩短时间的原则，这就要求学员选择合适的挡位，提前加速，以便与被超车有较大的速度差，并与被超车保持适当的横向间距，保证超车快速完成。

（6）超越前车　超越过程中，注意观察被超车前方的交通情况，发现对面有来车或被超车因避让障碍左绕行时，应立即采取措施，尽快减速，以免发生碰撞所示。

保持适当的横向间距

按规定从左侧超车

（7）超车后的驶回　安全超越后，从后视镜观察与被超车的纵向距离，在不妨碍被超车正常行驶的情况下，打开右转向信号灯，在同被超车保持必要的安全距离后，逐渐驶回正常行驶路线，关闭转向信号灯。

让车后保持直线行驶

3. 超车的易犯错误及纠正方法

（1）在法律规定不准超车的情形下超车　有的学员看到前面车辆较慢，而考官坐在一边也不发出任何指令，想想应该可以超车了，于是不管是否允许超车，一踩加速踏板直超过去。

不按规则超车

（2）超车时未发出超车信号　有些学员一心想着超车，往往在没有发出任何超车的信号（喇叭或灯光）的情况下，一踩加速踏板，猛超车过去。要知道，如果前车没有觉察到后车的超车意图，向左侧靠近势必发生险情。

未发出超车信号

（3）从前车的右侧超车　考官提示超越前车，而前车却对连续鸣喇叭置之不理，再看看其他车辆都从该车的右侧超车过去了，这时学员采取的行动往往是从右侧超车，这是绝对不容许的。

严禁从右侧超车

（4）心情急躁，强行超车　遇有行人、障碍或路况不好无条件让车；或者对面来车，有会车的可能；或者前车没有听到后车信号，不知后边有车超越。有些学员为了显示自己的水平，我行我素，急不可耐，稍有点空隙，抱着侥幸心理，强行抢超、互不相让，斗气超车。

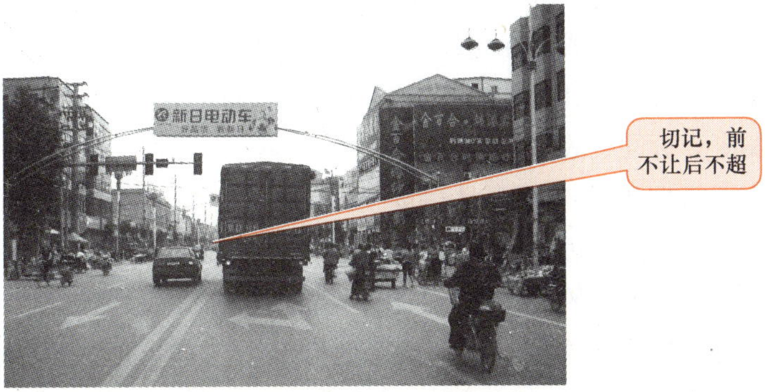

强行超车要不得

（5）超车过程中加挡　超车本身就存在着危险，要让这种危险最小化，就是要尽快提高车速。而同样地踩加速踏板，低速挡会比高速挡加速得更快。因此，超车过程中加挡是不对的。

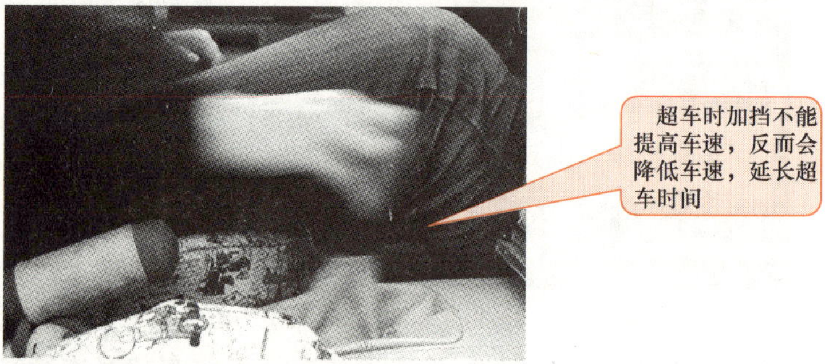

超车时不能加挡

（6）超车时横向距离过小　在超车时，要留有足够的横向间距。这样，既防止与被超车辆发生碰撞，又在超越停止的车辆时，防止停放的车辆突然起步驶入行车道、打开车门，或有人从车上跳下、从车下钻出，车前行人、自行车突然横穿公路等紧急情况。

超车安全距离太小

（7）观察不细，判断不准确　超车时，不注意观察后方来车，突然变更车道超车，给后面准备超越或正在超越的车辆带来险情。另外，超车过程中，要防止前车为了躲避障碍，尤其是在超越一半时，突然向左急打方向、变更车道，此时，判断失误便会引发事故。

（8）超车时方向不稳　主要是学员技术不熟练，心情紧张，视距太近，两眼始终观察两边，感觉两边安全距离太小，越担心擦碰，越容易发生擦碰。正确的方法是选定前车或远方的物体做参照物，观察前方道路远一点。

（9）超车后急剧变更车道、滑行或紧急制动　这样容易妨碍被超车辆正常行驶，给后车制造意外情况。要是后车学员来不及反应便会造成刮碰、追尾等事故。因此，在超车后不得急剧变更车道、滑行或紧急制动减速，一定要同被超车辆保持必要的安全距离后，方可驶回原车道。

十三、掉头

相比较而言，公路掉头是难度较大且使用范围最广的一种掉头形式，特别是在比较狭窄的路段不能一次顺利掉头时，学员不仅要时刻兼顾周围的交通情况，还要在正确操作机件的情况完成车辆掉头。

1. 掉头的评判标准

1）不能正确观察交通情况选择掉头时机，不合格。

2）掉头地点选择不当，不合格。

3）掉头前未发出掉头信号，不合格。

4）掉头时，妨碍正常行驶的其他车辆和行人通行，不合格。

2. 掉头的技巧

在进行汽车掉头考试时，考生不仅要仔细观察周围的交通情况，同时还要注意机件间的操作协调。

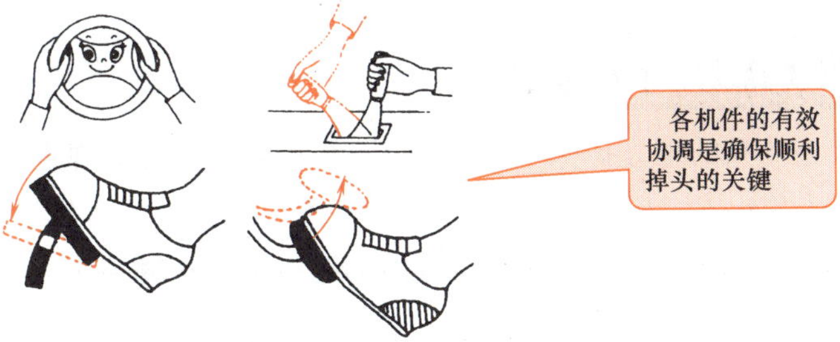

机件操作要协调

目测掉头轨迹

具体步骤是：

1）第一次前进。汽车要尽量靠公路右侧边缘停放，按操作顺序起步，起步后左转向信号灯不关，迅速将车向左打到极限位置，待左前轮距左边线 1m 时，迅速向右回正方向，停车脱挡，完成第一次前进。

2）第一次后倒。挂入倒挡后迅速将方向盘向右转到极限位置，经右后视镜观察右后轮，待右后轮距右边 1m 时，迅速向左回正方向，停车脱挡，完成第一次后倒。

3）第二次前进。挂前进挡后迅速向左打到极限位置，当右前轮距路边线 1m 时，迅速向右回正方向，停车脱挡，完成第二次前进。

4）第二次后倒。挂入倒挡起步后，迅速将方向盘向右转到极限位置，经左后视镜观察左后轮距边线的距离接近 1m 时，向左回转方向，停车脱挡，完成第二次后倒。

5）第三次前进。起步后迅速将方向盘向左打至极限位置，待车与右边线平行时，迅速向右回转方向，使车身正直前进，完成掉头。

公路掉头的常见问题是当汽车后倒时，容易错误使用后视镜。要解决这个问题，首先要克服紧张心理，其次要正确判断后轮距边线的距离。哪边轮胎提前接近边线，看哪边后视镜，也就是说，第一次后倒看右后视镜，第二次后倒要看左后视镜。

3. 掉头的易犯错误及纠正方法

（1）在禁止掉头的地方掉头　违反《道路交通安全法》规定，在有禁止掉头或者禁止左转弯标志、标线的地点，以及在铁路道口、人行横道、高速公路、桥梁、急弯、陡坡、隧道或者容易发生危险的路段进行车辆掉头。

不得在禁止掉头的地方掉头

（2）行车路线未做细致分析时掉头　在掉头的过程中，目标测定不准，前进、后退距离把握不准，与障碍物触碰。

盲目掉头

（3）在未开转向信号灯、未鸣喇叭示意的情况下掉头　如果未能打开转向信号灯就掉头，会给后车造成错觉，导致碰撞。

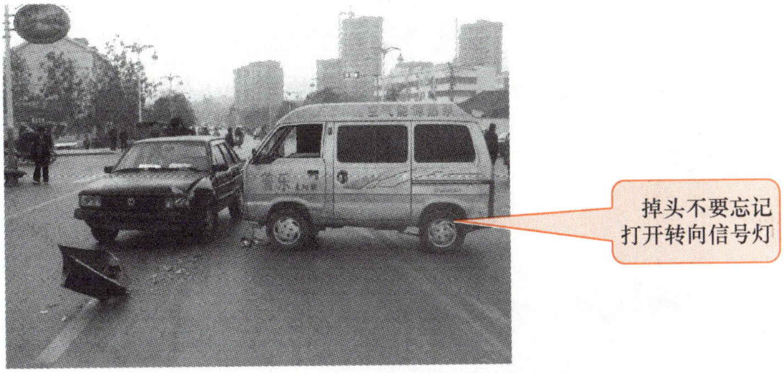

未采取示意的情况下不可掉头

（4）掉头时离合器踏板、制动器踏板配合不畅　掉头时既想踩离合器踏板，又想踩制动器踏板；既想转方向，又想回方向；既想前进，又想后退。这样搞得车辆一会儿熄火，一会儿发动机轰轰直响，半天车辆还在原地，调不过头来，等待你的肯定是不及格了。

十四、夜间行驶

夜考主要考察夜间汽车灯光的使用，一般情况下，夜考行驶距离要比路考短，控制好速度，把握好灯光，还是容易通过的。

1. 夜间行驶的评判标准

1）不能正确开启灯光，不合格。

2）同方向近距离跟车行驶时使用远光灯，不合格。

3）通过急弯、坡路、拱桥、人行横道或者没有交通信号灯控制的路口时，不交替使用远、近光灯示意，不合格。

4）会车时不按规定使用灯光，不合格。

5）通过路口时使用远光灯，不合格。

6）超车时未变换使用远、近光灯提醒被超越车辆，不合格。

7）在有路灯、照明良好的道路上行驶时使用远光灯，不合格。

8）在路边临时停车不关闭前照灯或不开启示廓灯，不合格。

2. 夜间行驶的技巧

1）出车前检查车辆灯光情况，近光灯、远光灯、雾灯等都需要进行检查。

2）发动车辆，打开车灯，车辆起动前注意转向信号灯。

3）行驶过程中，注意近光灯与远光灯的合理使用。

① 会车时，距来车 150m 左右，必须使用近光灯，如图所示。

在来车相距150m时变光

② 当跟随前方车辆时，必须使用近光灯。

③ 超车时，一方面打开转向信号灯，另一方面必须使用远近光灯变换提醒前方车辆。

④ 经过道口，必须使用远近光灯变换提醒路口左右车辆注意。

4）晚上行车，在无雾、无大雨的情况下，不要使用雾灯。

5）夜间行车，注意车速控制，一般低于道路最高限速，并注意路上行人。

6）会车时，注意稳住车辆行驶方向，不要过于向右边靠，注意右方行人或车辆。

7）夜间道路显得比其他地方白些，注意看清楚路面标志。

8）经过桥梁、上坡或下坡时，能正确估计车辆行驶位置。

夜间要慢慢开车，以防意外情况

3. 夜间行驶的易犯错误及纠正方法

（1）夜间超、会车辆不变光　有的学员在夜间超、会车辆时，不按规定使用灯光，操作上比较生硬，甚至出现操作错误，如图所示。其原因为：刚刚学会驾驶的学员遇到对面来车，只顾前行，加之对车上灯光开关使用生疏，不敢低头找灯光开关变光；担心自己变光后，对方不变光，反而使自己什么也看不到，威胁行车的安全；习惯性使用远光灯行驶，即使对方变光，自己也当没看见，照常行车。

不按规定变光会造成事故

（2）不注意其他灯光信号　有的学员在夜间驾驶时，注意力只集中在自己车灯照射的范围，认为留意太多会分散注意力。结果，一旦遇到拖拉机、电瓶车、摩托车或施工信号等微弱的灯光信号灯时，往往车子已经近在咫尺，很难安全处理。

小信号没注意会酿成大事故

（3）跟车过近　有的学员夜间开车喜欢跟进前车行驶，认为在会车时，前车可以遮挡对面来车的灯光，防止出现“眩光”；前车可以帮助处理情况，减轻自己的压力。但要注意的是，汽车的后灯颜色和制动灯颜色是一致的，如果学员稍有不留心，很有可能发生追尾事故。

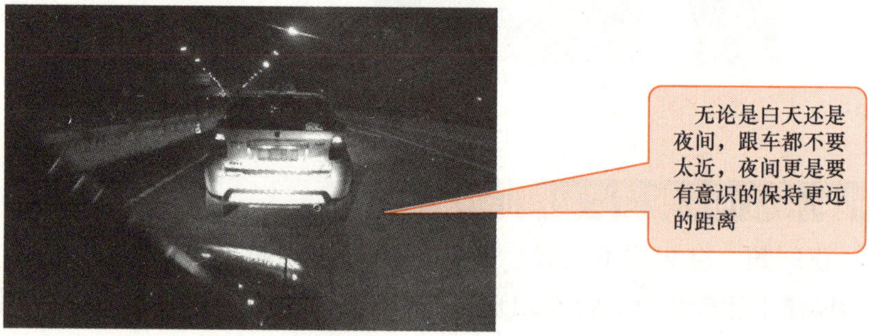

夜间保持足够的安全距离

（4）临时停车不开尾灯　一些学员夜间临时停车时，为完成停车考试的完整操作，常把灯光熄灭。如果一旦有快速行驶的车辆，没有及时发现停靠路边的汽车，很容易发生碰撞事故。

临时停车不开灯会造成追尾

（5）起步停车用灯随意　有的学员怕浪费蓄电池的电量，在夜间驾驶时，常在车辆起步之后才打开灯光。同样，为了节省蓄电池的电量，停车时未将所有的操作完成就关灯。这样的行为，很容易刮擦汽车周围的行人、车辆或障碍物。

（6）距离感判断不准　夜间驾驶考试学员考试不合格很主要的一个原因是在超车、会车时距离判断失准。

（7）灯光不随环境变化而变换　这种错误行为表现为在有街灯照明良好的道路上使用远光灯。在有街灯照明良好的道路上应使用近光灯或小灯，在通过有指挥的交通路口时，也应关掉远光灯，使用近光灯或小灯。

（8）车速过快　在夜间驾驶时，路上人、车较少，交通情况也比白天简单多了，许多学员不知不觉地将车开得越来越快。

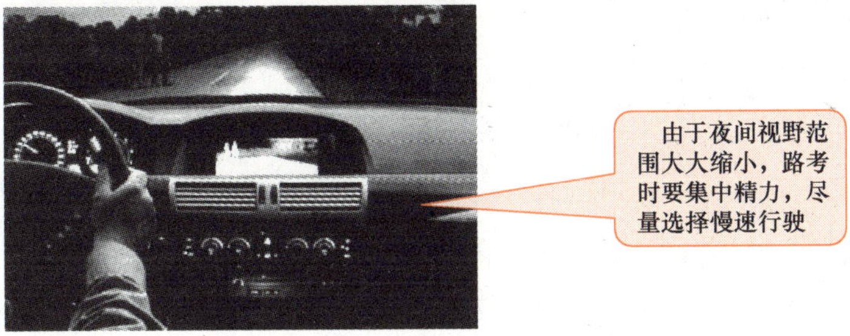

夜间路考

第五章 5

汽车驾驶科目三考试——安全文明驾驶常识

一、违法行为综合判断与案例分析

1. 典型事故案例

2010年10月5日6时45分许，王某驾驶京HQ****号奥迪A6轿车，沿京沈高速公路由东向西行驶至298km加800m处时，与李某驾驶的因前方雾天封路而在另一条车道内停车排队待行的辽NW****（辽NA***挂）号半挂货车左后尾部相撞地，致京HQ****号奥迪A6轿车乘车人王某当场死亡，乘车人孙某、张某两人受伤，两车不同程度损坏。

追尾事故现场

事故认定：王某驾驶机动车雾天超速及操作不当的行为分别违反了《交通安全法实施条例》第八十一条第三款“机动车在高速公路上行驶，遇有雾、雨、雪、沙尘、冰雹等低能见度气象条件时速度要求”和《交通安全法》第二十二条“机动车驾驶员应当遵守道路交通安全法律、法规规定，按照操作规范安全驾驶、文明驾驶”的规定。

李某驾车在雾天能见度小于50m时未驶离高速公路及未依次排队驶入第一条车道的行为违反了《交通安全法实施条例》第八十一条第三款、第五十三条第二款“机动车在遇有前方机动车停车排队等候或者缓慢行驶时，应当依次排队，不得从前方车辆两侧穿插或者超越行驶，不得在人行横道、网状线区域内停车等候”的规定。

5

2. 违法行为

根据对交通违法行为数据的分析，主要集中在不按规定车道行驶、逆行、闯红灯、超速、乱停乱放5种违法行为。如果驾驶员多留意，这些交通违法行为是完全可以避免的。

（1）逆向行驶　从被拍的违法记录中发现，逆向行驶被抓拍的基本上是在等候信号灯或刚开始放行，有些心急的驾驶员没等前方车辆起步，就直接压在中心线上或越过中心双实线，驶上左侧对向车道超车；有的驾驶员左转弯时没有紧靠路口的中心点转弯，而是越过停止线后直接转弯，导致在进入路口时驶上中心线的左侧车道而被抓拍；还有的驾驶员为了方便，直接从非机动车道上或机动车道边逆向行驶，导致过往车辆纷纷避让，容易引起交通秩序混乱。

（2）违规变道　目前，有信号灯的路口基本上划分有直行车道、左转弯车道和右转弯车道。车辆进入划分的车道后，就不允许变更车道了。万一开错车道了，也不能随意变更或在路内转弯，需按导向车道要求向前行驶，在允许掉头路口再调整。

（3）闯红灯　驾驶员闯红灯的原因主要有思想不集中、犹豫不决、心中存有侥幸加速或强行通过而闯红灯。另外，一些人认为黄灯亮时还可以通行。《道路交通安全法》规定：黄灯亮时，已经越过停止线的车辆可以继续通行，没有越过停止线的禁止通行。

（4）超速行驶　限速路段是根据道路设计、车流量和事故多发等因素综合考虑确定的，一般设置在市区道路通行环境较好、弯道或事故多发路段，且限速的两端公路边都设立了明显的限速标志和前方测速标志，当您驾车经过发现有限速标志路段时，就要控制好车速，按规定速度行驶，否则，就可能会因超速而被抓拍。

（5）违法停车　如果在主城区内乱停乱放车辆，特别是在路口、人行横道线等路段停车，“电子眼”随时会抓拍违法行为。因此，驾驶员驾车外出时应充分考虑停车问题，宁愿多走几步路，也要将车停在允许停车的停车场或停车泊位上，千万不要侥幸。

二、驾驶职业道德和文明驾驶常识

1. 人行横道前的礼让

机动车行经人行横道时，应当减速行驶；遇行人正在通过人行横道，应当停车让行。机动车行经没有交通信号的道路时，遇行人横过道路，应当避让。

2. 会车时的礼让

会车时礼让“三先”是指先让、先慢、先停，如图所示，具体如下：

1）在车前右侧有障碍物时，应减速等待，让无障碍物的一方先行。

2）在驶近窄桥时，要让距桥近的、车速高的车先行，距桥远的、车速低的车应让行。

3）遇狭窄的坡路时，下坡车要让上坡车先行，如果下坡车已下至中途，则上坡车让下坡车先行。

4）夜间会车时，在照明不良的道路上应互闭远光灯，并降低车速，保证安全会车。

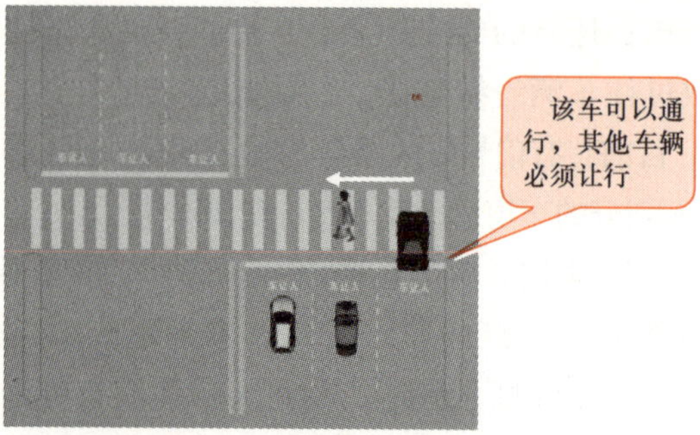

人行横道前的礼让（一）

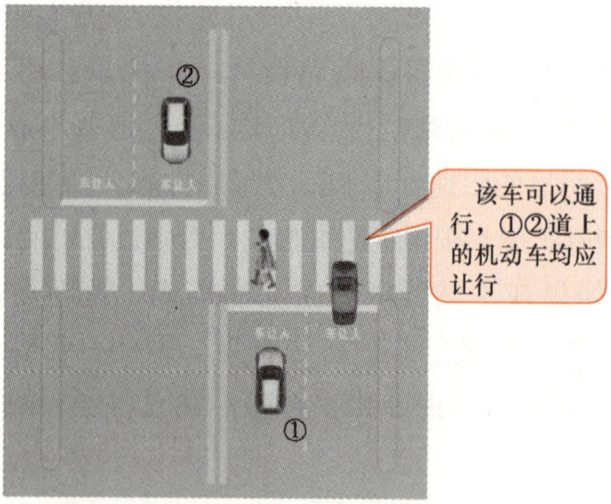

人行横道前的礼让（二）

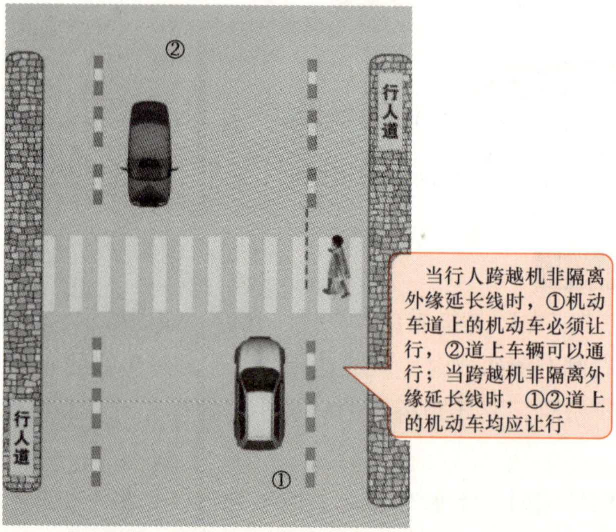

人行横道前的礼让（三）

会车时的礼让

3. 超车时的礼让

超车前，应提高车速向被超车的左侧靠近，跟车距离不大于20m，打开左转向灯并鸣喇叭。若是夜间可用变换远近光灯示意，通知前方车辆，确认前车让超或做出让超示意后，向左侧找方向，与被超车保持一定的横向间距，从左侧加速超越；超过后应继续沿直线行驶，在超过被超车20～50m安全距离后，打开右转向灯，驶回原车道。

行驶中，一旦发现有尾随车辆发出超车信号后，应根据道路、交通情况来决定是否减速让路。若条件允许，在确保自身安全的前提下，应主动减速靠右行驶，让后车超越；不能故意不让或让路不让速，甚至在超越时故意加速等。

让超车后，即使前方路面有障碍，也不能再向左急打方向绕行，以免造成超

超车时的礼让（一）

超车时的礼让（二）

越车辆措手不及发生事故，只能紧急制动或停车，待后车超越后，进一步观察后面有无连续超越的车辆，确认安全后，再驶入正常车道。

4. 遇特种车辆的礼让

警车及其护卫的车队、消防车、工程救险车、救护车执行任务时，在确保安全原则下，可以不受行驶速度、行驶路线、行驶方向和指示灯信号的限制，其他车辆和行人必须让行，不准穿插或超越，如图所示。

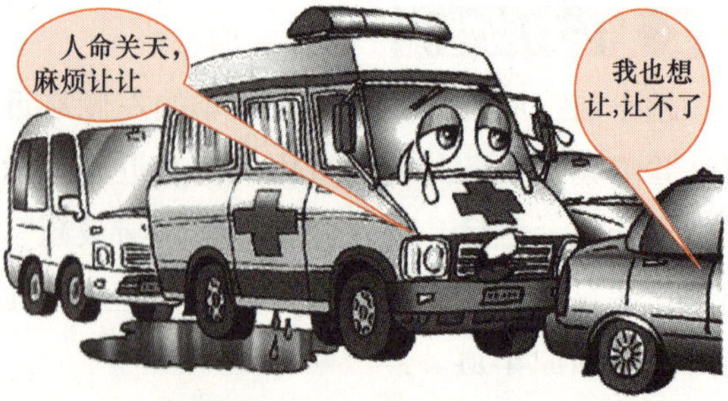

特种车辆的礼让

5. 遇异常行驶车辆的礼让

行车中若遇行驶异常车辆时，应主动避让，以防发生交通事故，如图所示。

遇异常行驶车辆的礼让

与异常行驶车辆保持安全距离

6. 遇道路、路口拥堵时的礼让

遇拥堵道路、路口时的礼让时，减速停车，依次排队通过，不能占用应急车道。

7. 遇行人的礼让

遇到盲人和其他行动不便的行人，应该减速慢行，必要时停车，遇到人群时要有耐心。靠近人行横道时，应注意观察人行道及其周围行人、非机动车的动态，如图所示。

8. 遇牲畜的礼让

驾驶员要注意在临近畜力车时，观察好牲畜的动态变化，减速接近，千万不能急躁，要尽量避免鸣喇叭。

遇道路、路口拥堵时的礼让

遇行人的礼让

在超越畜力车或转弯时，都要与畜力车保持足够的距离，以防距离过近，畜力车颠行、摇晃或控制不住而发生事故

遇牲畜的礼让

9. 遇非机动车的礼让

在距非机动车20m以外鸣号示意，如没有反应，应提前轻抬加速踏板减速，做好随时停车的准备；汽车在交叉路口右转弯前，如果在距路口20m内有同方向非机动车前行时，最好减速等非机动车驶过后再行右转弯，这样可避免相撞；在交通灯号为红灯允许右转弯的路口，要让绿灯放行方向的非机动车先行。

观察右侧超速骑驰的非机动车，防止超越他人的非机动车突然骑入机动车道

遇非机动车的礼让

10. 常见不文明行为

（1）并线不开转向灯　正确做法：先观察前后车以及相邻车道，确定安全的情况下提前5～8s打开转向灯，在不影响他人的前提下变线。

（2）加塞儿　正确做法：根据自己的行进计划预先选择车道，以免靠近路口时被动，应在虚线变实线前完成并线。

（3）乱鸣喇叭　正确做法：遇到前车慢行或停车，不应鸣喇叭催促；在人车混行或小区道路上时，要等待行人先通过。

（4）紧急制动　正确做法：保持好行车距离，跟车行驶一定要往远看，以便及时反应。

（5）乱停车　正确做法：停车入位，停在不影响正常交通的位置，不停在没画有停车位的地方。

（6）从车内乱扔杂物　正确做法：在车内准备一个垃圾袋，废弃的食品包装纸、纸巾、饮料瓶都装进垃圾袋，下车后扔入垃圾箱。

（7）远光灯　正确做法：正常行驶中只使用近光灯，会车时要切换成近光灯。

（8）遇行人不避让　正确做法：让行人先通行，以免发生人车交通事故。

（9）压实线　正确做法：严格按照规定行驶，避免压实线这样的小违法带来大事故。

（10）雨天行车遇行人不减速　正确做法：遇到积水减速通过，附近有行人，尽可能行驶时不溅起水花。

11. 常见违法行为

常见交通违法行为主要有：

1）机动车不在机动车道内行驶的。

2）机动车违反规定使用专用车道的。

3）前方机动车停车排队等候或者缓慢行驶时。

4）从前方车辆两侧穿插行驶的。

5）遇前方机动车停车排队等候或者缓慢行驶时，从前方车辆两侧超越行驶的。

6）遇前方停车排队等候或者缓慢行驶时，未依次交替驶入车道减少后的路口、路段的。

7）遇前方机动车停车排队等候或者缓慢行驶时，在人行横道、网状线区域内停车等候。

8）机动车违反规定停放、临时停车且驾驶员不在现场。

9）机动车不按规定车道行驶的。

10）变更车道时影响正常行驶的机动车的。

11）在禁止掉头或者禁止左转弯标志、标线的地点掉头的。

12）在容易发生危险的路段掉头的。

13）掉头时妨碍正常行驶的车辆和行人通行的。

14）不按规定倒车的。

15）机动车通过有灯控路口时，不按所需行进方向驶入导向车道的；通过路口遇放行信号不依次通过的。

16）通过路口遇停止信号时，停在停止线以内或路口内的。

17）通过路口向右转弯遇同车道内有车等候放行信号时，不依次停车等候的。

18）路口遇有交通阻塞时未依次等候的。

19）机动车违反禁令标志指示的。

20）机动车违反禁止标线指示的。

21）机动车违反警告标志指示的。

22）机动车违反警告标线指示的。

23）机动车逆向行驶的。

24）从前车右侧超车的。

25）前车左转弯时超车的。

26）前车掉头时超车的。

27）前车超车时超车的。

28）与对面来车有会车可能时超车的。

29）不按规定安装机动车号牌的。

30）上道路行驶的机动车未悬挂机动车号牌的。

三、恶劣气象和复杂道路条件下驾驶常识

1. 通过桥梁、隧道的安全驾驶

（1）通过桥梁的安全驾驶　在行车中，接近永久性桥梁时，要特别注意桥头附近的交通标志，并遵守有关规定。如果前方有同方向前进的车辆时，要与前

车保持一定的安全距离，减速通过桥梁。通过桥梁时，尽量不要在桥上停车，以避免阻塞交通。

通过拱形桥时，往往看不清对方来车和道路情况，要减速鸣喇叭，靠左行驶，随时注意对方情况，做好制动准备，切勿冒险高速冲坡。

通过桥梁的安全驾驶

（2）通过双向行驶隧道的安全驾驶　驶入前，应打开示宽灯或近光灯靠右侧行驶，注意与对向来车的安全会车，加大车辆的侧向间距；切不可在会车时使用远光灯。

通过双向行驶隧道的安全驾驶

2. 山区道路安全驾驶

（1）山区道路跟车、超车、会车

1）跟车：与前车一定要适当加大安全距离；视线不清，路段情况不明时要加大跟车距离。

2）超车：要尽量选择宽敞地段、开转向灯、提前鸣喇叭，不得强超；在有禁止超车标志或法规不允许超车的路段，严禁超车。

3）会车：应主动选择安全地段减速或停车与来车会车。

（2）山路坡道

1）上短而陡的坡道。采用冲坡法，在驶近坡顶时提前松开加速踏板，利用车的惯性冲过坡顶，以便控制车速，防止对面的视线盲区突然出现车辆而措手不及。

2）长坡驾驶。

① 上长坡时，要提前观察路况、坡道长度，使车辆保持充足的动力。

② 下长坡时，要适当控制车速，多减一挡，充分利用发动机的制动作用。

③ 上坡急转弯时，要时刻注视弯道处突然出现车辆，接近弯道时减速靠右行驶。

（3）山路弯道驾驶

1）通过山路弯道时，要按照“减速，鸣喇叭，靠右行”的规则，提前降低车速。

2）避免在转弯时换挡，以确保双手能有效地控制方向盘。跟车、超车和会车的驾驶。

3. 特殊道路及恶劣气象条件下的安全驾驶

（1）雨天安全驾驶　出车前做好检查：应检查发动机罩的封闭情况及刮水器、制动器的技术状况，提前发现故障，并及时排除。

行车中要保持充分的行车间距，要比晴天加长 50%，且不要超速行驶，如图所示。驾驶员要双手平衡握住方向盘，保持直线和低速行驶，需要转弯时，应当缓踩制动器，以防轮胎抱死而造成车辆侧滑。

雨天安全驾驶

（2）冰雪道路的安全驾驶　在结冰路面上驾车起步的时候要慢抬离合器踏板，脚下要轻柔。如果加油起步，由于车轮和路面的附着力小，车轮就可能空转、打滑，不好控制方向。

行车中加速踏板要慢踩，缓加速，脚下能多温柔就多温柔，打轮动作要小，严禁突然加油、收油、猛打方向、猛踩制动器。如遇侧滑或跑偏时，要及时减油，同时往侧滑方向打轮，轻点制动器，调正车身。在车辆转弯时，打方向盘要圆顺缓和，车速要慢，转弯半径要适当增大，不要急转猛回。

要紧握方向盘，远离自行车，保持车距。车速较快制动时，利用低速挡发动机制动，高挡换低挡，并断续制动，严禁急制动

雪天安全驾驶

（3）雾天安全驾驶　打开防雾灯，减速慢行，注意保持车距，不要超车和变道，以行车道的道线为参照方向行驶，若发现迎面来车要鸣喇叭，能见度特别差时应尽快找到安全位置停车等待，并保持双闪开启。同时，驾驶车辆应集中精力，不疲劳驾车，如图所示。

随时根据雾的大小和能见度来调整车速，注意与前车的距离和打开雾灯，严重时可打开双闪灯前进

雾天安全驾驶

（4）大风天气的安全驾驶　大风中行车时应适当放慢车速，正确地辨认风向，握稳方向盘，防止行驶路线因风力而偏移。注意车辆的横向稳定性，尽量减少超车，鸣喇叭时应适当延长时间。

逆风行驶时，应注意风向突然改变或道路出现较大弯度，风阻突然减少，会使车速猛然增大。

大风天气安全驾驶

（5）泥泞道路的安全驾驶　泥泞路面行车要缓加速，如果停车再次起动车辆，加油过快还会导致因轮胎空转而整个车体左右摇摆，此时应该立即松开加速踏板，双手紧握方向盘修改方向，车辆前移，慢慢加油提速，确保直线稳定行驶。

后轮侧滑时，应该急速踩下离合器踏板，让前轮尽可能转向正常行驶方向以增加外侧轮胎的牵引力，可将方向盘转至侧滑的一侧方向以制止车尾甩动惯性力。车辆必须是在得到完全的正常操作控制或者停下后，才可以继续缓慢加速行驶。

泥泞路驾驶

（6）涉水路的安全驾驶　首先应停车观察路面的积水深度，在积水深度不超过轮胎的2/3时，涉水行车是安全的。只要发动机不熄火，水压远小于气缸的排气压力，积水一般是不会倒灌进排气管的。但如果在行驶中由于路面情况不清楚造成操作不当出现熄火的情况，积水深度超过了车辆的排气管，就不应该强行通过。

涉水时，车辆最好做到慢、稳，保证车辆稳定有力的动力，使排气管中始终有压力气体，防止水倒灌入排气管造成熄火。

如果熄火，切忌强行点火，否则会导致汽车其他零部件的损害，严重的情况甚至会危及到发动机，正确的做法是原地等待救援。

涉水路驾驶

4. 高速公路安全驾驶

（1）驶入收费口　从一般道路驶入高速公路，首先要进入高速公路收费岗亭领取收费卡。

驶近高速公路收费站时，在减速线标志处开始降至限制速度内。注意观察收费站的交通情况标志板显示的各种交通信息。注意观察收费站的交通情况，以免在取卡时发生刮碰。在收费站前不可临时变换车道或超车、插队。

领取收费卡

（2）匝道行驶　首先注意观察入口预告标志，应根据指路标志确定目的地的行驶方向，一旦驶错方向就不会再有退路。

（3）加速车道行驶　在进入合流三角地带之前打开左转向灯，沿加速车道提速行驶，应当尽快将车速提高到60km/h以上。

严禁在匝道上超车、停车、掉头、倒车，这些做法都有可能酿成车祸

匝道行驶

要充分利用加速车道尽量提高并接近主干道上行进车辆的车速，以防后续车与本车发生追尾碰撞

加速车道行驶

（4）汇入车流　从加速车道驶入高速公路行车道，重要的是应集中精力观察通过后视镜观察左侧行车道上行驶车辆的车速和车流情况，在不妨碍行车道车辆正常行驶的情况下，安全平顺地汇入车流。

（5）行车道的选择　高速公路行车道分为双向四车道、六车道和八车道。机动车在高速公路上行驶时，必须严格遵守分道行驶、各行其道的原则，不得随意穿行越线、变更车道，不准骑轧行车道分界线。

5

道路限速标志标明的车速与上述车道规定不一致的，按照道路限速标志标明的车速行驶

行车道速度限制

1）同方向有 2 条车道的行驶。

所有机动车在行车道上行驶，左侧车道的最低车速为 100km/h。

2）同方向有3条车道的行驶。

① 车速高于110km/h的汽车在最左侧车道上行驶。

② 车速高于90km/h的汽车在中间车道行驶。

③ 右侧车道车速不得低于60km/h。

3）同方向有4条以上车道的行驶。

① 车速高于110km/h的汽车在最左侧车道上行驶。

② 车速高于90km/h的汽车在中间车道（第2条）上行驶。

③ 右侧车道车速不得低于60km/h。

千万记住！除因停车驶入或驶出紧急停车带或路肩外，不准在紧急停车带和路肩上行车

在路肩行车

（6）行车速度确认　在宽阔的、固定参照物少和高速车流的高速路段上行驶，一定要通过车速表确认车速，不要盲目地一味加速，严格遵守高速公路的行驶速度要求驾驶。

最低车速不得低于60km/h，最高车速不得高于120km/h；在路遇恶劣气候条件下行车中，必须减速行驶。

（7）安全距离　汽车在高速公路上正常行驶时，同车道的前后车辆必须根据行驶速度、天气和路况保持足够的安全距离。

1）所谓正常情况下，当车速为100km/h时，安全距离为100m以上；车速在100km/h以下时，安全距离可适当缩小，但最小距离不得少于50m，如图所示。

2）如遇大风、雨、雪、雾天或路面结冰时，应当减速。在这些非正常情况下，前面讲到的安全距离不足以确保行车安全，所以应在规定安全距离的基础上留出能避开危险的余量（又称为“避险距”）。

3）为了防止发生追尾事故，高速公路每隔一段距离设有专门为驾驶员确认安全距离而设立的标志牌。

（8）安全停车　除了车辆发生事故或者故障等必须停车的紧急情况外，一般情况下不允许在高速公路上随意停车。

在不得不停车时，驾驶员需按规定停在紧急停车带或右侧路肩上。停车前车主要观察周边的情况，在确保安全的情况下提前开启转向灯后驶离行车道，停车时不要紧急制动；下车时驾乘人员要从右侧车门出来，并迅速转移到防护栏外侧路肩等安全地带之后再报警。

保持安全车距

高速公路安全车距确认指示牌

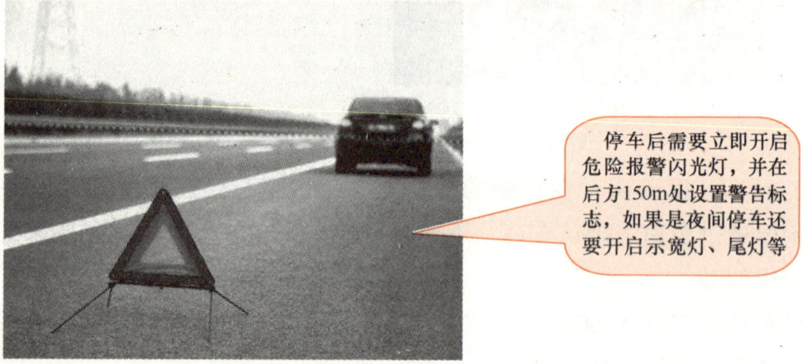

安全停车

5

（9）减速车道行驶　准备离开高速公路时，当看到最初的出口标志后，应迅速做好驶离的准备，驶入减速车道后，关闭转向灯，注意观察车速表，进入匝道之前车速降到约 40km/h。

进入减速车道

四、紧急情况下避险常识

1. 紧急情况通用避险知识

（1）紧急情况下的避险原则

1）沉着冷静。遇到紧急情况时，驾驶员必须做到头脑清醒、沉着应对，这样才能判断准确、反应迅速，从而采取措施果断。

2）先人后物。车辆行驶中遇到险情时，驾驶员应把人身安全放在第一位，采取紧急避让措施时，首先要避开道路上的人员，宁可车辆和财物受损，也要保全人的生命安全。

3）先减速后转向。在车速较高可能与前方车辆发生碰撞时，驾驶员应先制动减速，然后转向避让。先制动减速，可以减少碰撞的能量，还可以获取应急处置的时间。如果先采取转动方向盘的方法避让，处于高速行驶状态下的汽车很容易操纵失控，甚至翻车。

（2）轮胎漏气应急处置　若由尖锐器刺入而导致汽车漏气的，可采取全面检查轮胎的方法。当方向盘偏向不稳时，先将车子停在安全的场所，然后再全面检查轮胎空气减失的情况。

1）将车辆置于平坦的路面上，比较一下前轮及后轮左右的轮胎气压是否均等。

2）如果发现轮胎的空气减少了，要仔细检查轮胎的四周，特别是胎面的部分要认真检查。

3）有铁钉等锐利物刺入时，不可将铁钉拔除，只要更换备胎即可，如图所示。若拔掉铁钉，空气会跑掉，而且千斤顶也会很难顶起来，在修补爆胎时会找不到漏点而耗费时间。

4）如果没有备胎或者无换胎时，要控制速度以低速行驶到最近的加油站或修理厂请求援助。

（3）突然爆胎应急处置

1）前胎爆裂：驾驶员应尽可能轻踩制动踏板，以免车头部分承受力过大致使轮胎脱离轮圈。此时，驾驶员还要双手握稳方向盘，及时矫正汽车大幅度偏左或偏右行驶。

2）后胎爆裂：汽车会出现尾部摇摆不定、颠簸不已的现象。此时驾驶员仍要双手紧握方向盘，反复轻踏制动踏板，这样可以把汽车的重心前移，让前胎承受应力，减轻爆裂后胎的负担。只要驾驶员操作熟练，通常都可以使汽车保持直线行驶。

更换备胎

轮胎突然爆胎

（4）转向突然失控应急处置　当发现转向机构突然失控、无法操控方向时，应尽快减速，在安全地点停车，查明原因。操作时应注意以下事项：

1）驾驶时发现转向突然不灵，但还可实现转向时，应低速将车开到附近修理厂进行维修。

2）若车辆和前方道路情况允许保持直线行驶时，不可使用紧急制动。若偏离直线行驶方向、事故已经无可避免时，应果断地连续踩踏、放松制动踏板，使车辆尽快减速停车，减轻撞车力度。

3）高速行驶的车辆在转向失控的情况下不要采用紧急制动来降速，否则容易发生车辆侧滑，造成车辆倾翻。此时，驾驶员要立即松开加速踏板，逐渐踩下行车制动踏板或者配合使用驻车制动器达到停车的目的。

4）及时发出警示信号。在采取制动措施的同时，注意及时将危险警示信号传递出去，提醒道路上其他车辆和行人注意。

（5）制动突然失效应急处置

1）制动时前车轮抱死会出现丧失转向能力的情况，后车轮抱死可能会出侧滑的情况。在混凝土路、土路、冰雪路面及沙土路中，制动时车轮最容易抱死的路面是冰雪路面。冰雪路面，抱死的车轮很容易产生侧滑。

2）对未安装防抱死制动装置（ABS）的车辆在冰雪、湿滑、砾石路面或者比较光滑的路面上制动时，要轻踏或间歇制动踏板，避免车轮抱死。

3）行车中制动突然失灵或失效时，驾驶人要沉着镇静，以控制方向为第一应急措施，再迅速利用“抢挡”或驻车制动器进行减速。为发挥最大制动作用，使用驻车制动器时不可将操纵杆一次性拉紧。

4）下坡路制动失效可失灵后，驾驶人应立即寻找并冲入紧急避险车道。停车后，拉紧驻车制动器，以防溜动发生二次险情。若没有可利用的地形和时机，应迅速逐级或越一级减挡进行减速。

（6）发动机突然熄火应急处置　行车中发动机突然熄火后，若不能再次起动应开启右转向灯，将车缓慢滑行到路边停车检查熄火原因。不得采取紧急制动，迫使车辆迅速停住的方法。

（7）侧滑应急处置

1）车辆转弯时速度越快，离心力越大，车辆越容易冲出弯道或侧滑。车辆速度超过60km/h时，紧急制动易导致侧滑或甩尾等危险情况。

2）车辆发生侧滑时，应立即松开制动踏板。同时向侧滑的一方转动方向盘，并及时回转进行调整，修正方向后继续行驶。若车辆因转向或擦撞引起的侧滑，不可使用行车制动。

3）下雨开始时路面的尘土易与雨水形成泥浆，最容易使车辆发生侧滑。车辆在泥泞、溜滑路面上紧急制动或猛转方向时，易导致行驶方向失控产生侧滑，甚至造成翻车，坠车或与其他车辆、行人相撞。车辆在泥泞路上发生侧滑时，应向侧滑的一侧转动方向盘适量修正。

（8）碰撞应急处置

1）车辆在会车、超车或避让障碍物时，车辆之间或与其他物体容易发生刮碰现象，所以应加大车辆间的横向间距。

2）行车中与其他车辆有迎面碰撞可能时，应先向右侧稍转方向，随即适量回转，并迅速踩踏制动踏板。若与其他车辆要不可避免地发生正面碰撞时，应紧急制动以减少正面碰撞。在迎面碰撞发生的瞬间，迅速放开方向盘，并抬起双腿，身体侧卧于右侧座上，避免身体被方向盘抱住。

3）发生被后车追尾碰撞时，驾驶人应紧靠椅背，双手迅速置于脑后以护住头后部。

4）通常车辆的侧面碰撞安全防护性能明显弱于下面碰撞安全防护性能，所以车辆撞击无法避免时，驾驶人应当尽力避免侧面相撞。车辆发生撞击的位置不在驾驶人一侧或撞击力量较小时，驾驶人应紧握方向盘，两腿向前蹬，身体向后紧靠座椅。发生侧面碰撞的部位无论在哪一侧，都不可采取跳车的方法。

（9）倾翻应急处置

1）车辆突然发生倾翻时，如图所示，驾驶人应双手紧握方向盘，双脚钩住踏板，背部紧靠座椅靠背，稳住自己的身体，避免自身在车内撞伤，进而注意避免因车体变形而遭挤压受伤。当车辆向深沟连续翻滚时，身体应迅速躲向座椅前下方，抓住方向盘管等将身体稳住，避免身体窜动而受伤。

2）在车中感到不可避免地要被抛出车外的力量，借势跳出车外，跳出车外落地后，应力争双手抱头顺势向惯性力的方向多滚动一段距离，以躲开车体，增大离开危险区的距离。当发生缓慢翻车的可能跳车逃生时，应向翻车相反方向跳车，以避免跳车后被滚翻的车辆辗压。

（10）火灾应急处置

汽车翻车

1）发动机着火时应迅速停熄发动机，用灭火器或覆盖法灭火。不得开启发动机罩后灭火，因为这样做可能会因大量空气进入而加大火势。

2）车辆燃油着火时应当使用灭火器或路边沙土、棉衣等覆盖法灭火，不能使用水灭火。因为燃油和水密度的不同，当水与燃油接触后，水不但不能覆盖燃油，反而将承载燃油四处流淌扩展火势。

3）车辆发生火灾时，应将车辆停在远离城镇、建筑物、树林、车辆及易燃物的空旷地带，并及时把事故情况和地点报给救援机构。高速公路行车发生火灾时，不得将车辆驶进服务区或停车场灭火。

4）使用灭火器救火时，如图所示，人要站在上风处，灭火器瞄准火源。救火时，不要张嘴呼吸或高声呐喊，以免烟火灼伤上呼吸道。注意脱去所穿的化纤服装，保护暴露在外面的皮肤。

5）含酒精的防冻液着火时，可立即用水浇泼着火部位，以冲淡酒精防冻液的浓度。驾驶人在逃离火灾前，应关闭点火开关、电源总开关和百叶窗，并关闭油箱开关。

（11）车辆落水应急处置

1）驾驶车辆不慎意外落水，车窗是最易逃脱的途径。当外部水的压力圈套很难开启车门时，应迅速开启车窗或用粗重的物体敲碎车窗玻璃（必要时可用脚踹），才有逃生的希望，如图所示。

2）落水后，驾驶人和乘坐人员应保持冷静，做好深呼吸，待水快满车厢时，再开启车门或摇开车窗逃生。不得采用关闭车窗阻挡车内进水或打急救电话告知救援人员等错误方法。在紧急时刻，不要过于惊慌，通常会有 3～5min 充足的时间逃生。

汽车发生火灾

敲碎车窗玻璃逃生

2. 高速公路紧急避险

（1）紧急避险的原则　紧急避险措施不应超过必要的限度，造成不应有的损害。车辆在高速公路紧急转向，极易造成侧滑相撞或在离心力作用下翻滚的事故。因此在高速公路上发生紧急情况，不要轻易急转方向避让，应首先采取制动措施减速，使车辆在碰撞前处于停止或低速行驶的状态，以减少碰撞损坏程度。

（2）发生“水滑”应急处置　雨天高速公路行驶时，随着车速的增加，轮胎与路面之间易形成水膜，使轮胎悬浮，而发生“水滑”现象。雨天在高速公路行车，为避免发生“水滑”现象而造成方向失控，应保持较低的车速。发生“水滑”现象时，应握稳方向盘，并逐渐降低车速。不得迅速转向或急踩制动踏板减速。

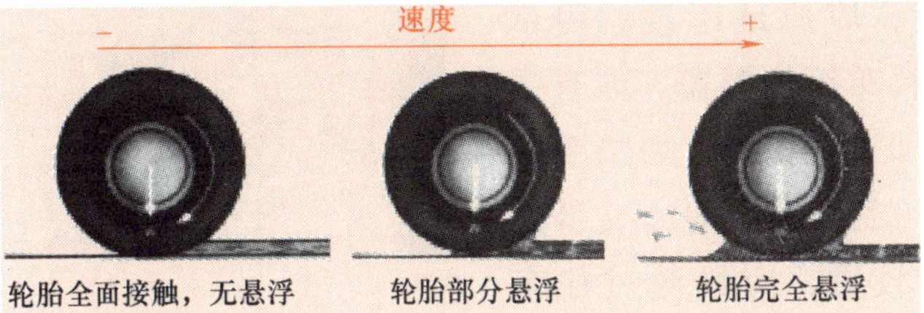

雨天轮胎“水滑”现象

（3）雾天遇事故应急处置　大雾天在高速公路遇事故不能继续行驶时，须开启危险报警闪光灯和尾灯，按规定设置警告标志，驾乘人员尽快从右侧离开车辆并站到防护栏以外，不得在高速公路上行走。

（4）意外碰撞护栏应急处置　车辆在高速公路意外碰撞路边栏杆时，应握稳方向盘，适当修正，使车的撞击部位抵住护栏，迫使车辆减速、停车，切忌向另一侧猛打方向盘。

（5）遇到横风应急处置　车辆在高速公路行至隧道出口或凿开的山谷出口处，可能遇到横风。当驾驶人感到车辆行驶方向偏移时，应双手握稳方向盘，进行微量调整，并适当减速。

（6）紧急情况停车应急处置　车辆在高速公路行驶除遇异常情况外，不准停车上下人员或者装卸货物，应选择服务区停车。当发生故障必须停车检查时，应逐渐向右变更车道在紧急停车带停车。

五、交通事故救护及常见危险化学品处置常识

1. 事故处置

交通事故是每个机动车驾驶员最不想遇到的事情，但作为机动车驾驶员，必须要了解一些事故现场的处理方法，有助于更好地应对一些突发事件。

（1）立即停车　凡是发生交通事故都要立即停车，肇事后逃跑，甚至置伤亡人员或国家财产于不顾，只为了逃脱个人罪责而跑掉，是严重的违法行为，也是极不人道和违反社会公德的恶劣行为，其结果只会受到法律的加重处罚，所以驾驶人肇事后必须马上停车。

（2）抢救伤员和物资　停车后应首先检查有无伤亡人员，如图所示，如有死亡人员，确属当场死亡而无丝毫抢救希望者，应原地不动，用草席、篷布、塑料布等物覆盖。如有受伤人员，应立即进行抢救。如果受伤者伤势较轻，可暂留现场等待交警处理；如果伤势较重，应拦截过往车辆，送就近医院抢救，靠近市区的还可以拨打120急救中心电话或请医院派车前去抢救，同时要用白灰、石头、绳索等物将伤员倒位描出。如一时无过往车辆或救护车，也可动用肇事车将伤员送医

抢救伤员

院抢救，但要将肇事车各个车轮的着地点以及伤员倒位描出，做好标记，并要留人员看护现场。若无人伤亡，应迅速抢救物资和车辆。

(3) 保护原始事故现场　保护现场对于公安交通管理部门了解事故情况，正确处理交通事故具有极其重要的意义。现场保护的内容有肇事车停位，伤亡人员倒位，各种碰撞辗压的痕迹，制动拖痕，血迹以及其他散落物品等。

现场保护方法是寻找现场周围的就便器材，如石灰、粉笔、砖石、树枝、木杆、绳索等，设置保护警戒线，禁止无关人员和车辆进入。标围现场时，应尽量做到不妨碍交通。如果车辆通行确实有可能使现场受到破坏和危及安全时，可以暂时封闭现场，以中断交通，待交警到现场勘察完毕后，再行疏通。

(4) 及时报案　在抢救伤员、保护现场的同时，应及时亲自或委托他人向肇事点辖区公安交通管理部门报案。报告内容有肇事地点、时间、报告人和姓名、住址、肇事车辆及事故的死伤和损失情况等。交警到达现场后，一切听从交警指挥并主动如实地反映情况，积极配合交警进行现场勘验等。

(5) 现场急救　交通事故发生时，轻者造成皮破血流，重者肢残骨折，甚至死亡。交通事故伤员的抢救主要是院前急救及院内急救两部分。

2. 伤员自救、急救

(1) 伤员急救的基本要求　交通事故发生后，及时、正确地进行现场急救，可以使交通事故死亡和致残率降低10%以上。发生交通事故后，驾驶人应该在积极报警、呼救、保护事故现场、维护交通秩序的前提下，周密组织抢救和转运伤员。

1) 救命重于治伤。应先抢救重伤员，尽快将处于昏迷状态的伤员送往附近医院或交由专业救护人员，然后再护理一般的伤员，对伤员进行伤口包扎、固定等处理。

2) 极力避免造成次生伤害。发生交通事故造成人员受伤后，应先根据伤员的伤情科学实施救护。比如，尽可能移开压在伤员身上的物品，而不是拉拽伤员的肢体；正确搬运伤员，避免因搬运不当造成伤员的伤势加重或终身瘫痪。

3) 选择安全的救护场所。抢救伤员时，应选择广场、空地等开阔区域，而不是弯道、坡道或交叉路口等危险区域；选择急救车辆容易接近的地方。在夜间，应选择有照明条件的地方实施急救。

(2) 昏迷不醒伤员急救　可能产生昏迷的原因有：天气炎热、缺氧、各种原因中毒、暴力刺激大脑。伤者不会讲话是判断昏迷失去知觉的症状。抢救前应检查伤者呼吸，保持侧卧。对失去知觉的伤者，可按照下列步骤进行：

(3) 烧伤者急救　首先应帮助被火焰烧伤的人员迅速脱离火场，尽快将其衣服上的火苗扑灭，或者是将衣服脱去。对黏附在皮肤上的衣服不可强行去除，以免皮肤撕脱加重治疗的难度。烧伤创面不能随便用药，不能弄破水泡，可用干毛巾或衣服覆盖，以免感染，并将快送往医院治疗。如果是汽车运输的酸、碱等化学制剂造成的烧伤，应立即用清水反复冲洗，然后去医院救治。

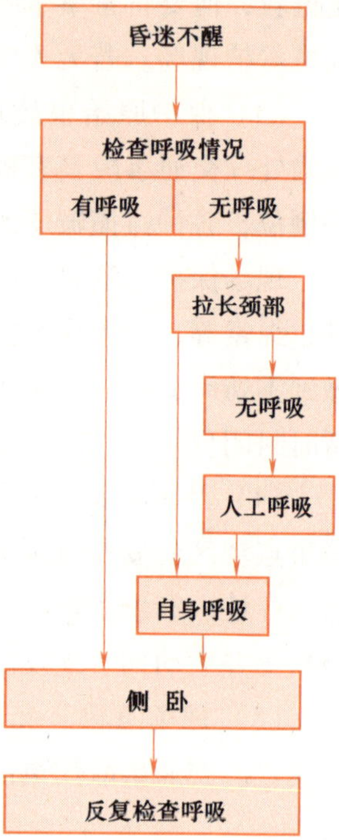

（4）中毒伤员的急救

1）重视自我预防，以防止中毒。

2）应迅速把煤气中毒的患者送到有新鲜空气的地方。

3）昏迷不醒时要侧卧。

4）检查脉搏。

5）停止呼吸时，应进行适当的人工呼吸。

（5）骨折伤员处置　伤员发生骨折后，必须先进行必要的固定，再进行搬运，以免发生次生伤害。

1）关节损伤（扭伤、脱臼、骨折）的伤员应避免活动。伤员骨折处出血时，应先止血和消毒包扎伤口，然后再进行相应的固定。

2）无骨端外露骨折的伤员，用夹板或木棍、树枝等固定骨折的两端，且应超过伤口上、下关节。伤员四肢骨折且有骨外露时，不要尝试将骨折端放回原处，应继续保持外露，用敷料包扎，以避免将细菌带入伤口深部引起深部感染，如图所示。

3）上肢骨折的伤员，可用夹板或树枝固定，用两块夹板固定时，一块放于上臂内侧，另一块放于外侧，并用绷带固定。如果只有一块夹板，则夹板放于外侧，用绷带固定，并用三角巾悬吊绑缚。

骨折固定

（6）常用伤员止血方法

1）止血。伤员失血过多，易产生休克等症状，休克时间过长，将会出现生命危险。因此，及时采取措施帮助伤员止血，对抢救伤员非常关键。根据伤员的出血部位及情况不同，止血方法也应有所区别。

① 指压止血法。伤员头部、颈部、四肢的动脉出血时，

指压止血法是一种简单有效的临时性止血方法。用手指直接压迫伤口的近心端动脉，阻断动脉血液流动，达到快速止血的目的。

② 加压包扎止血法。伤员静脉、毛细血管出血时，常采用加压包扎止血法。用消毒纱布或干净的毛巾、手绢、布块折叠成比伤口稍大的垫子盖住伤口，再用绷带或折成条状布带或三角巾紧紧包扎，达到止血的目的。

③ 屈膝加垫止血法。伤员上肢或下肢小腿出血，且没有骨折、可疑骨折或关节脱位时，可采用屈肢加垫止血法止血，不可采用加压包扎止血法止血。

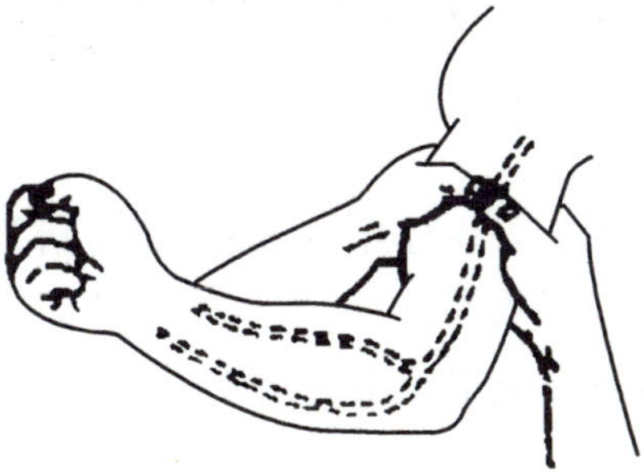

指压止血法

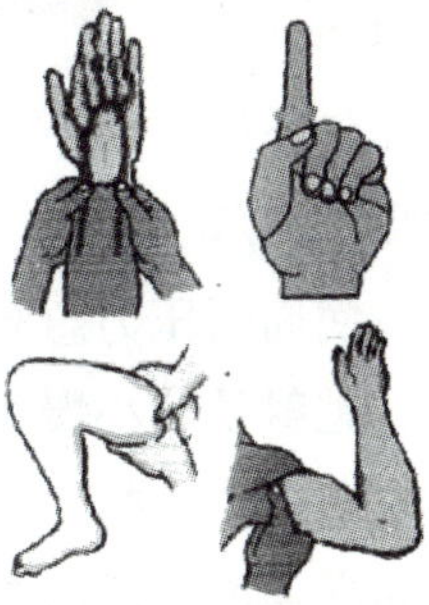

加压包扎止血法

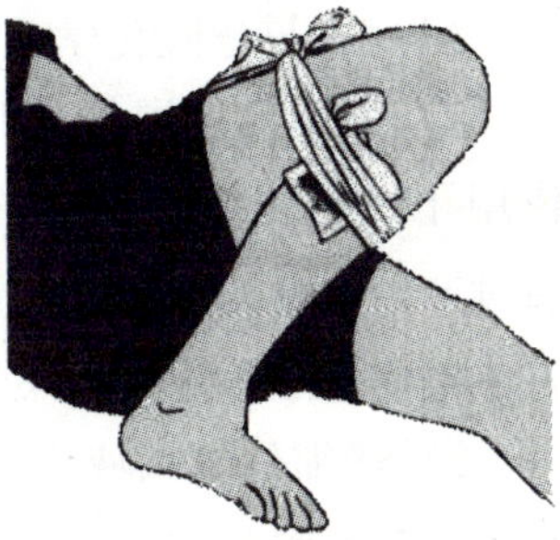

屈膝加垫止血法

④ 加压包扎法。腹部、胸部穿通开放性出血，尤其是腹腔脏器外露时，应让伤员平卧，双腿屈伸，用消毒的纱布、棉垫等填塞在伤口里，上面覆盖敷料，再加压包扎。此时不要将露出的脏器还入腹腔。

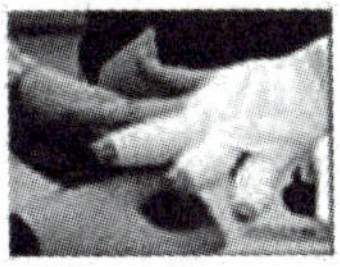

加压包扎法

2）包扎。对于受创面小、需夹板固定的伤员，通常采用绷带包扎以固定盖在伤口的敷料、固定骨折或挫伤，且有压迫止血的作用，如图所示。对于受创面大、手臂需悬吊的伤员，通常采用三角巾包扎。

伤口包扎时应注意：

① 敷料要够大够厚，先盖后包，平整保护皮肤。

5

② 乳房下、腋下、两指间、鼓隆起部分要加垫保护。

③ 包扎打结时，避免压迫伤口、眼、乳头、生殖器等部位，避免在身体背后包扎打结。

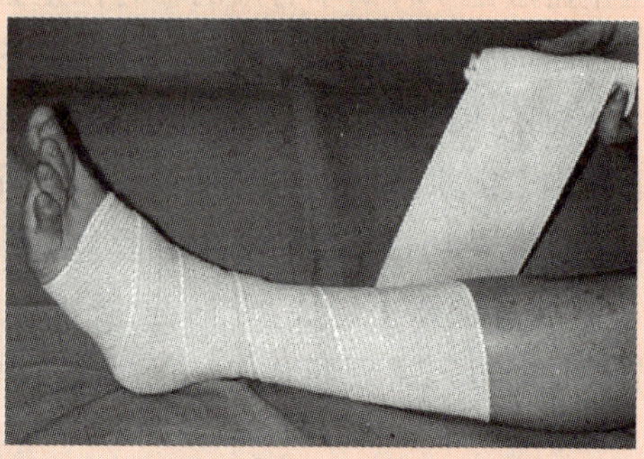
伤口包扎

3. 常见危险化学品

（1）常见危险化学品的特性

1）爆炸品。爆炸品是指在外界作用下，能发生剧烈的化学反应，瞬时产生大量的气体和热量，使周围压力急骤上升，发生爆炸的物品，也包括无整体爆炸危险，但具有燃烧、抛射及较小爆炸危险的物品。

2）压缩气体和液化气体。压缩气体和液化气体是指被压缩、液化或加压溶解，储存于耐压容器或特别的高强度容器内的气体。

3）易燃液体。易燃液体是在常温下极易着火燃烧的液态物质，如汽油、乙醇、苯等。这类物质大都是有机化合物，其中很多属于石油化工产品。

4）易燃固体、自燃物品和遇湿易燃物品。

① 易燃固体是指燃点低，对热、撞击、摩擦敏感，易被外部火源点燃，燃烧迅速，并可能散发出有毒烟雾或有毒气体的固体，但不包括已列入爆炸品的物品。

② 自燃物品是指自燃点低，在空气中易发生物理、化学或生物反应放出热量，而自行燃烧的物品，如白磷、煤、堆积的浸油物、硝化棉、金属硫化物、堆积植物等都是常见的自燃物品。空气、受热、受潮、氧化剂、强酸、金属粉末等能与自燃物品发生化学反应或对氧化反应有促进作用，它们都是促使自燃物品自燃的因素。

③ 遇湿易燃物品是指遇水或受潮时，发生剧烈化学反应，放出大量易燃气体和热量的物品。有的不需明火，即能燃烧或爆炸，如三氯硅烷、碳化钙等。一些遇湿易燃物品还具有腐蚀性或毒性，如硼氢类化合物有剧毒，应当引起注意。

5）氧化剂和有机过氧化物。氧化剂是指处于高氧化态，具有强氧化性，易分解并放出氧和热量的物质。有机过氧化物是指分子组成中含有过氧基的有机物，其本身易燃易爆，极易分解，对热、震动或摩擦极为敏感。

6）毒害品和感染性物品。本类化学品是指进入肌体后，累积达一定的量，能与体液和器官组织发生生物化学作用或生物物理学作用，扰乱或破坏肌体的正常生理功能，引起某些器官和系统暂时性或持久性的病理改变，甚至危及生命的物品。

7）放射性物品。这类物品能自发、不断地放出人们感觉器官不能觉察到的射线。许多放射性物品毒性很大，而且不能用化学方法中和或者其他方法使放射性物品不放出射线，而只能设法把放射性物质清除或者用适当的材料予以吸收屏蔽。

8）腐蚀品。腐蚀品是指能灼伤人体组织并对金属等物品造成损坏的固体或液体，其主要品类是酸类和碱类。对人体有腐蚀作用，造成化学灼伤。多数腐蚀品有不同程度的毒性，有的还是剧毒品。

9）杂类。指呈现的危险性质不包括在前 8 类危险性之中的磁性物品和另行规定的物品。

（2）危险化学品运输中特殊情况的处理

1）危险货物运输过程中遇有天气、道路路面状况发生变化，应根据所载危险货物的特性，及时采取安全防护措施。

2）遇爆炸物品火灾时，切忌用沙土盖压，以免增强爆炸物品爆炸时的威力。运送爆炸物品的途中发生火灾时，应尽可能将爆炸物品转移到危险最小的区域或进行有效隔离；不能转移、隔离的，应迅速组织人员疏散。

3）扑救易散发腐蚀性蒸汽或者有毒气体的火灾时，扑救人员应穿戴防毒面具和相应的防护用品，站在上风处施救。

4）氧化剂和有机过氧化物火灾时。由于氧化剂和有机过氧化物着火或被卷入火中时会放出氧，加剧火势，因此无论是采取封闭、蒸汽、二氧化碳、惰性气体等方式灭火都是无效的。只有使用大量的水或用水浸没，才是最为有效的方法。

5）放射性物品火灾。扑救这类物品火灾必须采取特殊的能防护射线照射的措施。

附　录

附录 A 安全行车、文明驾驶基础知识部分试题及答案

试题部分

1. 客车在起步前，驾驶人要告知乘客不要将手、头部以及其他部位伸出窗外。

2. 夜间行车时，全车灯光突然熄灭，应当紧急制动，迅速停车。

3. 在风、雪、雨、雾天气的夜间行车，要使用雾灯和远光灯。

4. 驾驶机动车驶离高速公路要经过减速车道减速后进入匝道。

5. 车辆发生爆胎后，驾驶人在尚未控制住车速前，不要冒险使用行车制动器停车，以避免车辆横甩发生更大的险情。

6. 当车辆已偏离直线行驶方向，事故已经无可避免时，应果断地连续踏制动踏板，尽量缩短停车距离，减轻撞车力度。

7. 下坡路制动失效后，要迅速逐级或越一级减挡，利用发动机制动作用控制车速。

8. 在高速公路上除遇障碍、发生故障等必须停车外，不准停车上下人员或者装卸货物。

9. 驾驶机动车遇到这种情况的行人可连续鸣喇叭催其让道。

10. 在这个区域内不允许长时间停放机动车。

11. 机动车在上坡途中可以掉头。

12. 掉头时，应观察是否有禁止掉头的标志，严禁在不准掉头的区域掉头。

13. 预计在超车过程中与对面来车有会车可能时，应提前加速超越。

14. 驾驶机动车在交叉路口前变更车道时，应在进入实线区后，开启转向灯，变更车道。

15. 驾驶有 ABS 的机动车采取紧急制动时不要将踏板一次踏到底。

16. 驾驶机动车在这个路口右转弯可以不变更车道。

17. 下坡路制动失效后，在不得已的情况下，可用车身侧面擦撞山坡，迫使机动车减速停车。

18. 机动车在行驶中，遇雨雪天气向右侧滑时，要向左打方向使其稳定。

19. 遇伤者被压于车轮或货物下时，要立即拉拽伤者的肢体将其拖出。

20. 受伤者在车内无法自行下车时，可设法将其从车内移出，尽量避免二次受伤。

21. 移动脊柱骨折的伤员，切勿扶持伤者走动，可用软担架运送。

22. 腐蚀品着火时，不能用水柱直接喷射扑救。

23. 扑救易散发腐蚀性蒸气或有毒气体的火灾时，扑救人员应穿戴防毒面具和相应的防护用品，站在上风处施救。

24. 道路危险货物运输驾驶人、装卸人员和押运员必须了解所运载的危险化学品的性质、危害特性、包装容器的使用特性和发生意外时的要急措施。

25. 机动车通过铁路道口时可以超车。

26. 机动车遇有急弯路时要在进入弯路后减速。

27. 通过无人看守的铁路道口时，没有看到火车到来可以加速通过。

28. 驾驶机动车遇到行动不便的行人在路边准备过马路时，要提前加速通过。

29. 驾驶人在行车中吐痰时，可通过车窗吐到道路或街道上。

30. 在这种能见度的情况下起步要开启近光灯。

31. 超越进站停驶正在上下乘客的公交车时，一定要谨慎通过，防止盲区处有行人横过道路。

32. 发生该事故的主要原因是驾驶人倒车前没有进行安全确认。

33. 驾驶机动车在路口遇到这种情况要随时准备停车礼让。

34. 驾驶机动车遇下坡车已行至中途而上坡车还未上坡时，上坡车让下坡车先行。

35. 驾驶机动车在这种情况下可以越过中心实线超车。

36. 发动机着火时，要迅速关闭发动机，开启发动机罩进行灭火。

37. 驾驶机动车遇到左侧来风时可适当向左调整方向。

38. 驾驶机动车通过简易桥梁前要下车进行观察。

39. 夜间行车，驾驶人的视野受限，很难观察到灯光照射区域以外的交通情况，因此要减速行驶。

40. 驾驶大型机动车在高速公路以100km/h 的速度行驶时，跟车安全距离为50m。

41. 制动突然失灵，避让障碍物时，要掌握“先避人，后避物”原则。

42. 伤员大腿、小腿和脊椎骨折时，一般不要随便移动伤者。

43. 对无骨端外露的骨折伤员肢体固定时，要超过伤口上下关节。

44. 道路危险货物运输驾驶人、装卸人员和押运员必须了解所运载的危险化学品的性质、危害特性、包装容器的使用特性和发生意外时的要急措施。

45. 某日13时10分，罗某驾驶一辆中型客车从高速公路0km 处出发，下午14时10分行至该高速公路125km 加200m 处时，发生追尾碰撞，机动车驶出西南侧路外边坡，造成11人死亡、2人受伤。罗某的主要违法行为是什么？

A. 超速行驶

B. 不按交通标线行驶

C. 客车超员

D. 疲劳驾驶

46. 某日早上6时，冉某驾驶一辆大客车出发，连续行驶至上午11时，在宣汉县境内宣南路1km 处，坠于公路一侧垂直高度8.5m 的陡坎下，造成13人死亡、9人受伤。冉某的主要违法行为是什么？

A. 超速行驶

B. 不按交通标线行驶

C. 客车超员

D. 疲劳驾驶

47. 何某驾驶一辆乘载53人的大客车（核载47人），行至宁合高速公路南京境内454km 加100m 处，被一辆重型半挂牵引车追尾，导致大客车翻出路侧护栏并起火燃烧，造成17人死亡、27人受伤。何某的主要违法行为是什么？

A. 超速行驶

B. 客车超员

C. 驾驶逾期未年检机动车

D. 操作不当

48. 罗某驾驶大型卧铺客车（乘载44人，核载44人）行至沿河县境内540县道58km 加500m 处时，在结冰路面以44km/h 速度行驶，导致机动车侧滑翻下公路，造成15人死亡、27人受伤。罗某的主要违法行为是什么？

A. 客车超员

B. 超速行驶

C. 疲劳驾驶

D. 操作不当

49. 周某驾驶一辆轻型厢式货车（搭载22人）行驶至丙察公路79km 加150m 处时，坠入道路一侧山崖，造成12人死亡、10人受伤。周某的主要违法行为是什么？

A. 驾驶逾期未检验的机动车

B. 货运机动车载客

C. 超速行驶

D. 疲劳驾驶

50. 佟某驾驶一辆大客车（乘载 54 人，核载 55 人）行至太原境内以 45km 的时速通过一处泥泞路段时，机动车侧滑驶出路外坠入深沟，导致 14 人死亡、40 人受伤。佟某的主要违法行为是什么？

A. 客车超员

B. 超速行驶

C. 酒后驾驶

D. 疲劳驾驶

51. 赵某（持有 A2 驾驶证）驾驶大型卧铺客车，行驶至叶城县境内 219 国道 226km 加 215m 处转弯路段时，坠入道路一侧山沟，致 16 人死亡，26 人受伤。赵某的主要违法行为是什么？

A. 客车超员

B. 驾驶逾期未检验的机动车

C. 驾驶与准驾车型不符的机动车

D. 疲劳驾驶

52. 机动车使用已有裂纹或损伤的轮胎行驶容易引起什么后果？

A. 向一侧偏驶

B. 突然爆胎

C. 转向困难

D. 行驶阻力增大

53. 制动防抱死装置系统（ABS）在什么情况下，可以最大限度发挥制动器效能？

A. 间歇制动

B. 持续制动

C. 缓踏制动踏板

D. 紧急制动

54. 驾驶机动车下坡使用缓速器可起到什么作用？

A. 辅助行车制动器

B. 缓解紧急制动

C. 降低车速、保持稳定

D. 制动失效时应急

55. 抢救骨折伤员时注意什么？

A. 迅速抬上担架送往医院

B. 适当调整损伤时的姿势

C. 用绷带对骨折部位进行包扎

D. 不要移动身体骨折部位

56. 液化石油气罐车在运输途中发生大量泄漏时，下列措施错误的是什么？

A. 切断一切电源

B. 戴好防护面具和手套

C. 关闭阀门制止渗漏

D. 组织人员向下风方向疏散

57. 驾驶机动车在有这种标志的路口怎样通过最安全？

A. 停车观察主路情况

B. 加速尽快进入主路

C. 减速观察左后方情况

D. 减速缓慢进入主路

58. 驾驶机动车在这种道路上怎样行驶最安全？

A. 尽快加速超越前车

B. 鸣喇叭让前车让路

C. 保持距离跟车行驶

D. 从前车的右侧超越

59. 机动车如何在狭窄的山路会车？

A. 速度快的让速度慢的

B. 重车让空车

C. 靠山体的一方

D. 不靠山体的一方

60. 超车时，发现前方机动车正在超车，驾驶人怎么办？

A. 紧跟其后，伺机超越

B. 加速强行超越

C. 连续鸣喇叭催前车让路

D. 停止超车，让前方机动车先超车

61. 驾驶机动车遇到这种情况怎样做行驶最安全？

A. 鸣喇叭或开前照灯

B. 减速靠右侧行驶

C. 尽量靠路中心行驶

D. 沿道路左侧行驶

62. 驾驶机动车遇到这种情况怎样礼让？

A. 减速或停车让行

B. 鸣喇叭或开前照灯

C. 按正常速度行驶

D. 加速过障碍会车

63. 驾驶机动车遇到这种情形怎么办？

A. 迅速从车左侧超越

B. 保持较大跟车距离

C. 连续鸣喇叭告知

D. 迅速从车右侧超越

64. 驾驶机动车遇到精神病患者影响通行时如何避让？

A. 按照患者的指挥行驶

B. 从患者两侧加速通过

C. 从患者右侧低速通过

D. 连续鸣喇叭催其让开

65. 驾驶机动车在这种道路上怎样会车最安全？

A. 靠路中心行驶

B. 靠路右侧行驶

C. 在路中间行驶

D. 靠路左侧行驶

66. 行人参与道路交通的主要特点是什么？

A. 行动迟缓

B. 喜欢聚集、围观

C. 稳定性差

D. 行走随意性大，方向多变

67. 行车中遇其他驾驶人向自己询问路线时怎么办?

A. 不予理睬

B. 耐心回答

C. 找理由拒绝

D. 有偿回答

68. 夜间驾驶机动车遇到这种情况怎样超车?

A. 开远光灯

B. 交替使用远近光灯

C. 开近光灯

D. 开危险报警闪光灯

69. 夜间机动车灯光照射离开路面是什么原因?

A. 进入一侧有山体的弯道

B. 前到达坡道的低谷

C. 方出现急转弯或大坑

D. 由缓下坡道进入陡坡

70. 机动车驶离高速公路时，应当开启什么灯?

A. 左转向灯

B. 右转向灯

C. 危险报警闪光灯

D. 前照灯

71. 机动车燃油着火时，不能用于灭火的是什么?

A. 路边沙土

B. 棉衣

C. 工作服

D. 水

72. 驾驶机动车变更车道时，属于交通陋习的是什么行为?

A. 提前开启转向灯

B. 仔细观察后变更车道

C. 随意并线

D. 不得妨碍其他车道正常行驶的车

73. 发现前方机动车停车排队缓慢行驶时，属于交通陋习的是什么行为?

A. 加塞抢行

B. 不强行超车

C. 停车或依次行驶

D. 不占用非机动车道行驶

74. 驾驶机动车在山区冰雪道路上遇前车正在爬坡时如何处置?

A. 前车通过后再爬坡

B. 迅速超越前车爬坡

C. 低速超越前车爬坡

D. 紧随前车后爬坡

75. 大雾天在高速公路遇事故不能继续行驶时，危险的做法是什么?

A. 尽快离开机动车

B. 尽量站到防护栏以外

C. 开启危险报警闪光灯和雾灯

D. 到车后150m以外设置警告标志

76. 机动车驶离高速公路时，应当开启什么灯?

A. 左转向灯

B. 右转向灯

C. 危险报警闪光灯

D. 前照灯

77. 行车中轮胎突然爆裂时的不正确做法是什么？

A. 保持镇静，缓抬加速踏板

B. 紧握方向盘，控制机动车直线行驶

C. 采取紧急制动，在最短的时间内停车

D. 待车速降低后，再轻踏制动踏板

78. 行车中右后轮胎爆裂时怎样处置？

A. 使用驻车制动减速

B. 控制方向减速停车

C. 迅速向左转向

D. 采取紧急制动措施

79. 高速行驶的车辆，在转向失控的情况下使用紧急制动，很容易造成什么后果？

A. 侧滑

B. 翻车

C. 车厢前移

D. 爆胎

80. 包扎止血不能用的物品是什么？

A. 绷带

B. 三角巾

C. 止血带

D. 麻绳

81. 驾驶机动车在路口前准备右转弯遇右侧有车怎样变更车道？

A. 超越右侧机动车向右变道

B. 在停止线前向右变道

C. 进入实线区后向右变道

D. 在右侧车后向右变道

82. 夜间机动车通过照明条件良好的路段时，要怎样使用灯光？

A. 前后雾灯

B. 近光灯

C. 远光灯

D. 危险报警闪光灯

83. 机动车怎样通过有管理人员的铁路道口？

A. 以正常速度

B. 按照管理人员的指挥

C. 尽快加速

D. 保持安全车速

84. 驾驶机动车在居民小区看到这种情况怎样安全行驶？

A. 鸣喇叭提示行人

B. 加速，尽快通过

C. 保持正常行驶

D. 减速，准备停车

85. 在这种公交车站怎样预防公交车突然起步？

A. 在公交车后停车

B. 迅速超越公交车

C. 减速，缓慢超越

D. 连续鸣喇叭提醒

86. 驾驶机动车遇到这种情况怎样礼让？

A. 迅速加速行驶

B. 及时减速慢行

C. 靠右加速行驶

D. 靠右减速让行

87. 驾驶机动车突然遇到这种情况怎样做?

A. 减速或停车让行

B. 从行人前方绕行

C. 持续鸣喇叭提醒

D. 从行人后方绕行

88. 行车中发现其他机动车有安全隐患时怎么办?

A. 尽快离开

B. 随其车后观察

C. 不予理睬

D. 及时提醒对方

89. 驾驶机动车在雾天怎样跟车行驶?

A. 保持大间距

B. 开启远光灯

C. 开启近光灯

D. 适时鸣喇叭

90. 发动机着火，错误的做法是什么?

A. 迅速关闭发动机

B. 用沙土灭火

C. 开启发动机罩灭火

D. 用灭火器灭火

91. 机动车因故障在高速公路停车时，在车后方多远距离设置故障警告标志。

A. 150m 以内

B. 150m 以外

C. 100m 以内

D. 50m 以内

92. 在高速公路行车选择什么地方停车?

A. 服务区

B. 加速车道

C. 减速车道

D. 匝道

93. 火柴、硫黄和赤磷属于哪类危险化学品?

A. 爆炸品

B. 氧化性物质

C. 自燃物品

D. 易燃固体

94. 彭某驾驶一辆重型半挂牵引车，载运 37.7kg 货物（核载 25kg），行至大广高速公路一下坡路段，追尾碰撞一辆由李某驾驶在应急车道内行驶的重型自卸货车（货箱内装载 3.17m^3 黄土并搭乘 24 人），造成 16 人死亡、13 人受伤。此事故中的主要违法行为是什么?

A. 彭某超速行驶

B. 彭某超载

C. 李某在应急车道内行驶

D. 李某货车车厢内违法载人

95. 驾驶机动车遇有漫水路时，要采取的正确做法是什么?

A. 停车察明水情

B. 确认安全后，低速通过

C. 机动车涉水后，间断轻踏制动踏板

D. 机动车涉水后，持续轻踏制动踏板

96. 机动车在高速公路上行驶，遇有雾、雨、雪且能见度为 100 ~ 200m 时，应该怎么做？

A. 开启雾灯、近光灯、示廓灯、前后位灯

B. 车速不超过 60km/h

C. 与同车道前车保持 100m 以上的距离

D. 从最近的出口尽快驶离高速公路

97. 邹某驾驶大型卧铺客车（核载 35 人，实载 47 人），行至京港澳高速公路 938km 时，因乘车人携带的大量危险化学品在车厢内突然发生爆燃，造成 41 人死亡、6 人受伤。此事故中的主要违法行为是什么？

A. 客车超员

B. 携带危险物品

C. 超速行驶

D. 不按规定停车

98. 李某驾驶一辆大客车，乘载 21 人（核载 35 人），行驶途中察觉制动装置有异常但未处理，行至双岛海湾大桥时速度为 50km/h（该路段限速 40km/h），因制动失灵坠入海中，造成 13 人死亡、8 人受伤。李某的主要违法行为是什么？

A. 超速行驶

B. 疲劳驾驶

C. 客车超员

D. 驾驶故障机动车

99. 雨天安全行车的注意事项是什么？

A. 避免紧急制动、紧急转向

B. 保持足够的安全距离

C. 注意非机动车和行人动态

D. 选择安全车速行驶

100. 如图所示，此车在行驶中，驾驶人要采取的措施是什么？

A. 控制车速，避免紧急制动

B. 尽量循前车的车辙走

C. 避免急转方向

D. 紧跟前车

101. 机动车高速行驶中出现转向失控时，驾驶人要如何处置？

A. 紧急制动

B. 抢挂低速挡

C. 合理使用行车制动和驻车制动，避免紧急制动

D. 开启危险报警闪光灯

102. 与对向来车发生正面碰撞且碰撞位置在驾驶人正前方时，驾驶人正确的应急驾驶姿势是什么？

A. 迅速躲离方向盘

B. 往副驾驶座位躲避

C. 迅速将两腿抬起

D. 两腿蹬直

103. 机动车在夜间发生故障时，驾驶人要做什么以确保安全？

A. 选择安全区域停车

B. 开启危险报警闪光灯

C. 开启示廓灯和后位灯

D. 按规定设置警告标志

104. 雾天机动车在道路上通行，驾驶人要怎样做？

A. 减速慢行

B. 保持安全车距

C. 正确使用灯光

D. 高速行驶

105. 机动车因故障必须在高速公路上停车时，要采取的正确做法是什么？

A. 在车后150m处设置故障警告标志

B. 在车后100m处设置故障警告标志

C. 夜间要开启示廓灯和后位灯

D. 要开启危险报警闪光灯

106. 下坡路行驶，制动突然失效后，可采用的减速方法是什么？

A. 利用道路边专设避险车道停车

B. 用车身靠向路旁的岩石或树木碰擦

C. 首先拉紧驻车制动

D. 抢挂低速挡

答案部分

1. √	2. ×	3. ×	4. √	5. √
6. √	7. √	8. √	9. ×	10. √
11. ×	12. √	13. ×	14. ×	15. ×
16. ×	17. √	18. ×	19. ×	20. √
21. ×	22. √	23. √	24. √	25. ×
26. ×	27. ×	28. ×	29. ×	30. √
31. √	32. √	33. √	34. √	35. ×
36. ×	37. ×	38. √	39. √	40. ×
41. √	42. √	43. √	44. √	45. A
46. D	47. B	48. B	49. B	50. B
51. C	52. B	53. D	54. C	55. D
56. D	57. D	58. C	59. D	60. D
61. B	62. A	63. B	64. C	65. B
66. D	67. B	68. B	69. C	70. B
71. D	72. C	73. A	74. A	75. B
76. B	77. C	78. B	79. B	80. D
81. D	82. B	83. B	84. D	85. C
86. D	87. A	88. D	89. A	90. C
91. B	92. A	93. D	94. BCD	

95. ABC	96. ABC	97. AB	98. AD
99. ABCD	100. ABC	101. BCD	102. ABC
103. ABCD	104. ABC	105. ACD	106. ABD

附录B 道路交通安全法律、法规和相关知识部分试题及答案

试题部分

1. 机动车未放置检验合格标志，可以上道路行驶。

2. 《中华人民共和国道路交通安全法》的立法目的是加强机动车管理。

3. 专业维修企业可以改变机动车型号、发动机号、车架号。

4. 单位或者个人可以临时使用其他机动车的检验合格标志、保险标志上路行驶。

5. 机动车驾驶人必须经过公安机关交通管理部门考试合格，领取驾驶证，方准在道路上驾驶机动车。

6. 机动车驾驶人在1个记分周期内记分虽未达到12分，但尚有罚款未缴纳的，记分也予以清除。

7. 在划分快速车道和慢速车道的道路上，除摩托车外，所有机动车都应该在快速车道行驶。

8. 夜间在窄路、窄桥与非机动车会车时应当使用远光灯。

9. 在没有中心隔离设施或者没有中心线的道路上，机动车遇相对方向来车时应当减速靠右行驶，并与其他车辆、行人保持必要的安全距离。

10. 机动车可以在单行路段选择倒车。

11. 不得在机动车驾驶室的前后窗范围内悬挂、放置妨碍驾驶人视线的物品。

12. 机动车在高速公路上行驶，与同车道前车的最小距离不得少于30m。

13. 公安机关交通管理部门调解期间，当事人向人民法院提起民事诉讼的，调解终止。

14. 机动车在高速公路上不得倒车、逆行、穿越中央分隔带掉头或者在行车道内停车。

15. 车辆在山区道路上陡坡时，应在坡底提前减挡，加速冲坡。

16. 车辆进入山区道路后，要特别注意“连续转弯”标志，并主动避让车辆及行人，适时减速和提前鸣喇叭。

17. 通过经常发生塌方、泥石流的山区地段，不能停车。

18. 夜间行车，当遇对面来车不关闭远光灯时，应及时减速或停车让行。

19. 雾天行车应尽量少使用甚至不用喇叭。

20. 雾天行车多使用喇叭可引起对方注意；听到对方车辆鸣喇叭，也应鸣喇叭回应。

21. 车辆在冰雪路面上行车，应降低车速，缩短车间距离。

22. 车轮涉水后，制动器的制动效果不会改变。

23. 驾驶人发现轮胎漏气时，应迅速制动减速，将车辆尽快驶离行车道，停放在路边安全地点。

24. 行车中车辆发生爆胎时，驾驶人应迅速向相反方向急转方向盘控制行驶方向。

25. 安装防抱死制动装置（ABS）的车辆制动时，制动距离没有变化。

26. 制动突然失灵，避让障碍物时，要掌握“先避人，后避物”原则。

27. 出现制动失效后，应以控制方向为第一应急措施，再设法控制车速。

28. 雨天在高速公路行车，为避免发生“水滑”现象而造成方向失控，应保持较低的车速。

29. 雾天在高速公路发生碰撞事故时，应尽快从左侧离开车辆。

30. 高速公路行车中遇紧急情况时，应迅速转动方向盘躲避。

31. 踏下离合器踏板，离合器接合；抬起离合器踏板，离合器分离。

32. 行车途中，仪表板上的“”灯亮起或闪烁，若暂时未发现操纵异常，可以继续行驶。

33. 仪表板上的“”灯亮，表示安全带插头未插入固定扣。

34. 行车途中，仪表板上的“”灯亮起，表示车内温度异常。

35. 行车途中，仪表板上的“”灯亮起，表示机油量可能不足、机油压力过低。

36. 仪表板上的“”灯亮，表示已开启近光灯。

37. 仪表板上的“”灯亮，表示已开启防雾灯。

38. 行车前的检查有驾驶室内检查、发动机舱检查、车辆外部检查、轮胎检查。

39. 驾驶人驾驶有达到报废标准嫌疑机动车上路的，交通警察依法予以拘留。

40. 按下这个开关，后风窗玻璃除霜器开始工作。

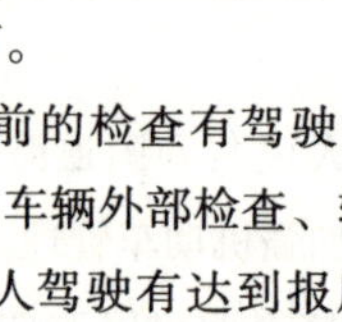

41. 小型客车行驶在平坦的高速公路上，突然有颠簸感觉时，应迅速降低车速，防止爆胎。

42. 机动车在高速公路上发生故障时，将车上人员迅速转移到右侧路肩上或者应急车道内，并且迅速报警。

43. 驾驶机动车在高速公路违法占用应急车道行驶的一次记6分。

44. 使用其他机动车号牌、行驶证的一次记3分。

45. 驾驶机动车在高速公路上倒车、逆行、穿越中央分隔带掉头的一次记6分。

46. 使用伪造、变造的驾驶证一次记12分。

47. 驾驶人在一个记分周期内累积记分达到12分的，交通警察依法扣留驾驶证。

48. 酒后驾驶发生重大交通事故被依法追究刑事责任的人不能申请机动车驾驶证。

49. 驾驶人因服兵役、出国（境）等原因延期审验期间不得驾驶机动车。

50. 大型客车、牵引车、城市公交车、中型客车、大型货车驾驶人应当每两年提交一次身体条件证明。

51. 浓雾天气能见度低，开启远光灯会提高能见度。

52. 下列哪种行为会受到200元以上2000元以下罚款，并处吊销机动车驾驶证？

A. 超过规定时速50%

B. 违反道路通行规定

C. 驾车没带驾驶证

D. 造成交通事故后逃逸

53. 提供虚假材料申领驾驶证的申请人会承担下列哪种法律责任？

A. 2年内不能再次申领驾驶证

B. 取消申领驾驶证资格

C. 处20元以上200元以下罚款

D. 1年内不得再次申领驾驶证

54. 驾驶机动车通过铁路道口时，最高速度不能超过多少？

A. 30km/h

B. 40km/h

C. 20km/h

D. 15km/h

55. 对驾驶拼装机动车上路行驶的驾驶人，会受到下列哪种处罚？

A. 依法追究刑事责任

B. 处15日以下拘留

C. 处200以上2000元以下罚款

D. 吊销机动车行驶证

56. 机动车仪表板上（如图所示）这个符号表示什么？

A. 冷风暖气风扇

B. 空气循环

C. 空调制冷

D. 雪地起步模式

57. 驾驶机动车在泥泞道路行驶时，最高速度不能超过多少？

A. 30km/h

B. 20km/h

C. 40km/h

D. 15km/h

58. 驾驶人在驾驶证有效期满前多长时间申请换证？

A. 90日内

B. 60日内

C. 30 日内

D. 6 个月内

59. 安全头枕在发生追尾事故时，能有效保护驾驶人的什么部位？

A. 胸部

B. 头部

C. 腰部

D. 颈部

60. 这个标志是何含义？

A. 儿童安全锁

B. 车门锁住开锁

C. 两侧车窗玻璃

D. 电动车门

61. 如图所示，该标志的含义是确定主标志规定区间距离为前方 200m 以外的路段。

62. 如图所示白色双实线的含义是什么？

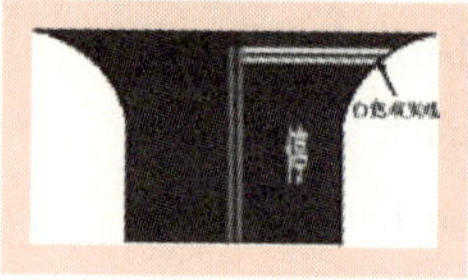

A. 禁止停车

B. 停车

C. 非机动车停车

D. 停车让行

63. 这是什么操纵装置？

A. 刮水器开关

B. 除雾器开关

C. 转向灯开关

D. 前照灯开关

64. 汽车驾驶证的驾驶人在下列哪种情况下需要接受审验？

A. 一个记分周期末

B. 有效期满换发驾驶证时

C. 记分周期满 12 分

D. 记分周期未满分

65. 行驶的机动车有哪种情形交通警察可依法扣留车辆？

A. 未携带机动车登记证书

B. 未放置保险标志

C. 未携带保险合同

D. 未放置城市环保标志

66. 夜间在道路上会车时，距离对向来车多远将远光灯改用近光灯？

A. 150m 以外

B. 100m 以内

C. 50m 以内

D. 200m 以外

67. 醉酒驾驶机动车在道路上行驶会受到什么处罚？

A. 处 2 年以下徒刑

B. 处管制，并处罚金

C. 处拘役，并处罚金

D. 处 2 年以上徒刑

68. 机动车通过有交通信号的铁路道口时，应当______通行。

A. 以正常速度

B. 保持安全车速

C. 尽快加速

D. 按照交通信号

69. 机动车驾驶人______车辆。

A. 在没有交通信号时可以任意驾驶

B. 应当依法、安全和文明驾驶

C. 在没有交通警察时可随意驾驶

D. 可按照自己的习惯驾驶

70. 申请机动车登记，机动车所有人不需要提交的证明或凭证是______。

A. 驾驶证

B. 身份证明和机动车来历证明

C. 整车出厂合格证明或者机动车进口凭证

D. 车辆购置税的完税证明或者免税凭证

71. 驾驶人驾驶机动车上道路行驶前，应当对机动车的______进行认真检查。

A. 安全技术状况

B. 整体结构

C. 所有部件

D. 齿轮油

72. 《中华人民共和国道路交通安全法》是为了维护道路交通秩序______，提高通行效率。

A. 保证车辆高速行驶

B. 圆满完成运输任务

C. 保护公民合法权益

D. 减少交通事故

73. 对违反道路交通安全法律、法规关于机动车停放、临时停车规定的，虽在现场但拒绝立即驶离，妨碍其他车辆、行人通行的，处罚款______。

A. 20 元以上 200 元以下

B. 20 元

C. 10 元以上 20 元以下

D. 200 元以上

74. 故意损毁、移动、涂改交通设施，造成危害后果，尚不构成犯罪的，由公安交通管理部门处罚款______。

A. 100 元以上 200 元以下

B. 200 元以上 500 元以下

C. 200 元以上 1000 元以下

D. 200 元以上 2000 元以下

75. 机动车登记，不包括登记______。

A. 挂失

B. 注册

C. 变更

D. 注销

76. 小型、微型非营运载客汽车从注册登记之日起______以内每 2 年检验 1 次。

A. 2 年

B. 3 年

C. 4 年

D. 6 年

77. 机动车在没有限速标志、标线的情况下，没有道路中心线的城市道路规定最高时速为______。

A. 30km

B. 40km

C. 50km

D. 70km

78. 机动车驾驶人在实习期内不得驾驶______。

A. 小型汽车

B. 出租车

C. 自动挡汽车

D. 三轮汽车

79. 汽车遇雾天，能见度在50m以内时，最高时速不准超过______。

A. 45km

B. 30km

C. 50km

D. 60km

80. 准许机动车掉头的地方是______。

A. 铁路道口

B. 人行横道

C. 隧道

D. 环岛

81. 除重型、中型载货汽车、半挂车和载运集装箱的车辆，其他载货的机动车载物，高度从地面起不得超过______。

A. 2.5m

B. 3.5m

C. 4m

D. 4.2m

82. 驾驶人连续驾驶机动车超过4h，停车休息时间不得少于______。

A. 5min

B. 10min

C. 20min

D. 40min

83. 使用软连接牵引装置时，牵引车与被牵引车之间的距离应当______。

A. 小于0.5m

B. 小于4m

C. 大于4m小于10m

D. 大于10m

84. 对酒后行为失控的驾驶人，交通警察现场可以采取______措施。

A. 罚款

B. 拘留

C. 使用约束性警械

D. 批评、教育

85. 根据交通技术监控记录资料，对违法的机动车驾驶人处______以下罚款的，可以使用简易程序作出处罚决定。

A. 200元

B. 300元

C. 500元

D. 2000元

86. 车辆在高速公路以100km/h的速度行驶时，______为危险车间距。

A. 50m

B. 100m

C. 110m

D. 120m

87. 驶离高速公路行车道的最佳时机是行至离出口______处，开启右转向灯，适当调整车速，平顺地驶入减速车道。

A. 2km

B. 1km

C. 500m

D. 50m

88. 驾驶车辆进入高速公路加速车道后，应尽快将车速提高到______以上。

A. 30km

B. 40km

C. 60km

D. 90km

89. 下坡中途停车时，踩制动踏板要______。

A. 比在平路时提前

B. 比在平路时推迟

C. 和平路时一样

D. 比在平路时轻

90. 下长坡时，车速会因为惯性而越来

越快，控制车速最有效的方法是______。

A. 挂入空挡滑行

B. 利用发动机制动

C. 踏下离合器滑行

D. 用行车制动控制车速

91. 下长坡连续使用行车制动______。

A. 会缩短发动机使用寿命

B. 增加驾驶员的劳动强度

C. 会使制动器温度升高而使制动效果急剧下降

D. 容易造成车辆侧翻

92. 车辆在较窄的山路上行驶时，如果靠山体的一方不让行，应当______。

A. 向左占道，谨慎驶过

B. 提前减速并选择安全的地方避让

C. 保持正常车速行驶

D. 鸣喇叭催其让行

93. 车辆驶入双向行驶隧道前，应开启______。

A. 危险报警闪光灯

B. 远光灯

C. 防雾灯

D. 示宽灯或近光灯

94. 夜间在没有照明条件的道路行车，当车速低于30km/h时，可使用______，灯光须照出30m以外。

A. 近光灯

B. 远光灯

C. 防雾灯

D. 危险报警闪光灯

95. 夜间行车中，如果灯光照射______，有可能是车辆前方出现急转弯或大坑。

A. 由远及近

B. 离开路面

C. 距离不变

D. 由高变低

96. 夜间行车中，前方出现弯道时，灯光照射______。

A. 距离不变

B. 由高变低

C. 离开路面

D. 由路中移到路侧

97. 夜间会车应当在距对方来车______以外改用近光灯。

A. 30m

B. 50m

C. 100m

D. 150m

98. 在泥泞路段行车，应选用适当挡位，______控制速度，匀速一次性通过。

A. 使用驻车制动器

B. 踏下离合器踏板

C. 踏制动踏板

D. 用加速踏板

99. 大风天气行车，由于风速和风向往往不断地发生变化，当感到方向盘突然“被夺”时，一定要______并减速。

A. 逆风向转动方向盘

B. 顺风向转动方向盘

C. 采取紧急制动

D. 双手稳握方向盘

100. 仪表显示当前冷却液的温度是90℃。

101. 机动车仪表板上（如图所示）亮，提示发电机向蓄电池充电。

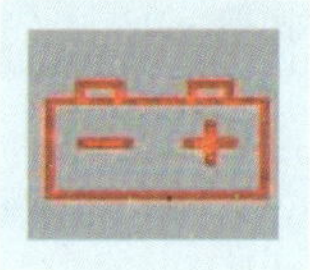

102. 驾驶机动车在这种情况下可以右转弯。

103. 在这条公路上行驶的最高速度不能超过多少？

A. 50km/h　　B. 30km/h

C. 40km/h　　D. 70km/h

104. 机动车仪表板上（如图所示）亮表示什么？

A. 防抱死制动系统出现故障

B. 行车制动系统出现故障

C. 驻车制动器处于制动状态

D. 驻车制动器处于解除状态

105. 驾驶机动车在这种信号灯亮的路口，可以右转弯。

106. 路右侧车行道边缘白色虚线是什么含义？

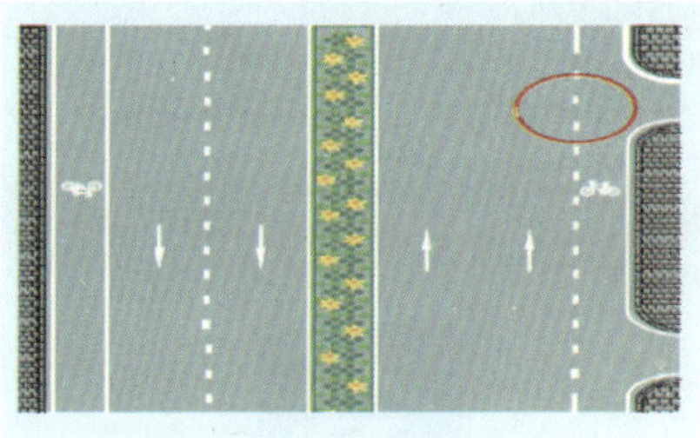

A. 车辆可临时越线行驶

B. 应急车道分界线

C. 人行横道分界线

D. 车辆禁止越线行驶

107. 这个标志是何含义？

A. 注意行人　　B. 人行横道

C. 学校区域　　D. 注意儿童

108. 这个标志是何含义？

A. 车道方向预告　B. 交叉路口预告
C. 分岔处预告　D. 分道信息预告

109. 驾驶机动车遇到这种信号灯不断闪烁时怎样行驶？

A. 尽快加速通过
B. 靠边停车等待
C. 禁止通行
D. 注意瞭望安全通过

110. 这个标志是何含义？

A. 室内停车场　B. 专用停车场
C. 露天停车场　D. 内部停车场

111. 这样停放机动车属于什么违法行为？

A. 停车占用人行道
B. 在公共汽车站停车
C. 在有禁停标志路段停车
D. 在非机动车道停车

112. 这个标志是何含义？

A. 不准通行　B. 两侧通行
C. 左侧通行　D. 右侧通行

113. 路面上的菱形块虚线是何含义？

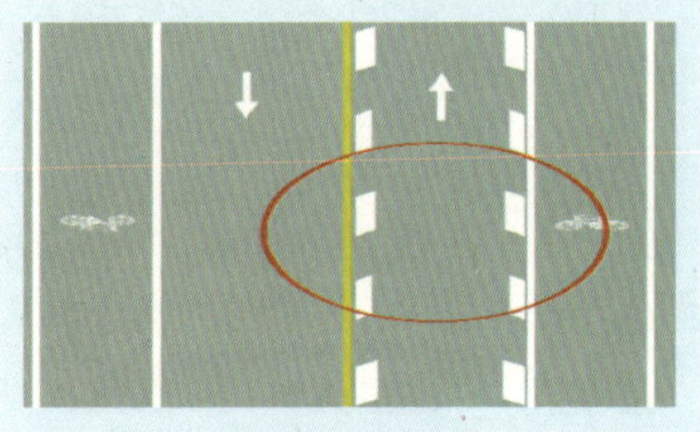

A. 车行道横向减速标线
B. 车道变少提示标线
C. 车行道纵向减速标线
D. 道路施工提示标线

114. 行车中仪表板上（如图所示）亮表示什么？

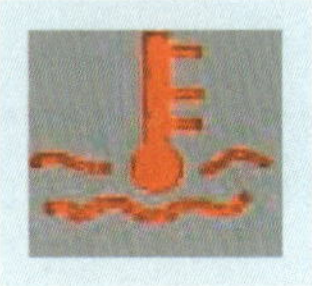

A. 发动机温度过低
B. 发动机润滑系故障
C. 发动机温度过高
D. 发动机冷却系故障

115. 这个标志是何含义？

A. 注意交互式道路　B. 环行平面交叉
C. 注意分离式道路　D. 平面交叉路口

116. 这个标志是何含义？

A. 隧道减速　　B. 隧道开示宽灯
C. 隧道开远光灯　D. 隧道开灯

117. 这个标志是何含义？

A. 学校区域　　B. 注意儿童
C. 人行横道　　D. 注意行人

118. 这个标志是何含义？

A. Y 型交叉路口预告
B. 互通立体交叉预告
C. 十字交叉路口预告
D. 环行交叉路口预告

119. 在这条车道行驶的最低车速是多少？

A. 100km/h　　B. 60km/h
C. 110km/h　　D. 90km/h

120. 这个路面标记是何含义？

A. 最高限速为 80km/h
B. 平均速度为 80km/h
C. 最低限速为 80km/h
D. 解除 80km/h 限速

121. 这种白色矩形标线框含义是什么？

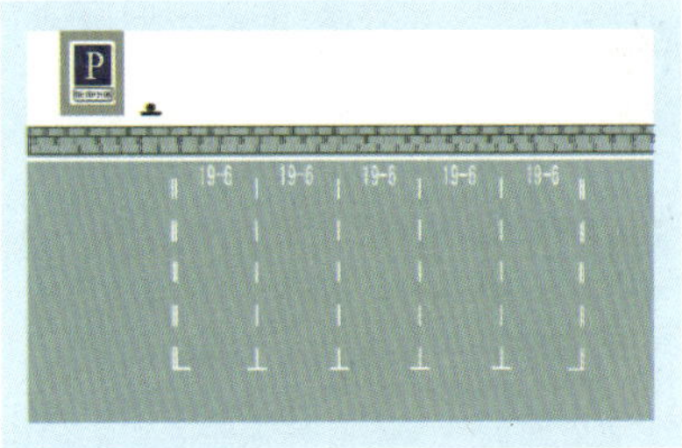

A. 免费停车位　　B. 长时停车位
C. 限时停车位　　D. 专用停车位

122. 这个标志提示哪种车型禁止通行？

A. 小型客车　　B. 各种车辆
C. 小型货车　　D. 中型客车

123. 在这种路口怎样进行掉头？

A. 在人行横道上掉头

B. 从中心线虚线处掉头

C. 进入路口后掉头

D. 从右侧车道掉头

124. 这个标志是何含义？

A. 内部停车场

B. 室内停车场

C. 露天停车场

D. 专用停车场

125. 这种白色矩形标线框含义是什么？

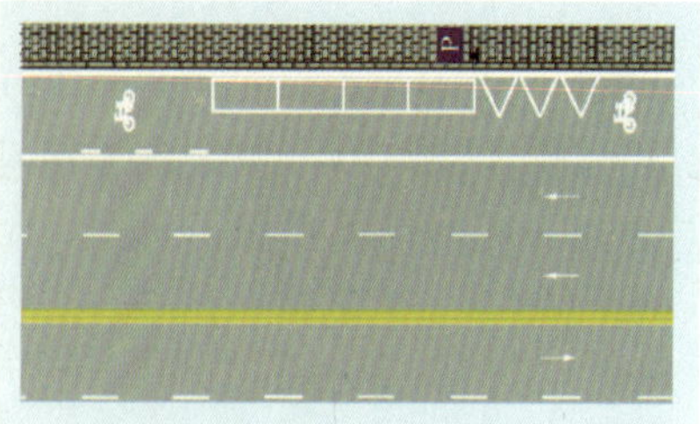

A. 出租车专用上下客停车位

B. 倾斜式停车位

C. 平行式停车位

D. 垂直式停车位

126. 这个标志是何含义？

A. 禁止驶入　B. 限时进入

C. 禁止通行　D. 减速行驶

127. 图中的黄色斜线填充是何含义？

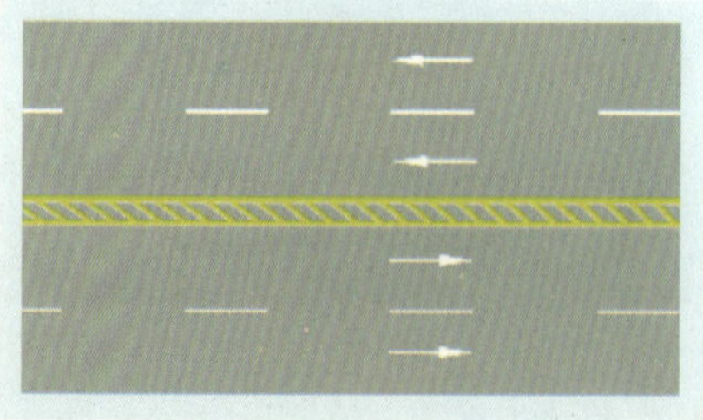

A. 双侧可跨越同向车道分界线

B. 可跨越对向车道分界线

C. 禁止跨越对向车行道分界线

D. 单向行驶车道分界线

128. 圆圈内的白色折线是什么标线？

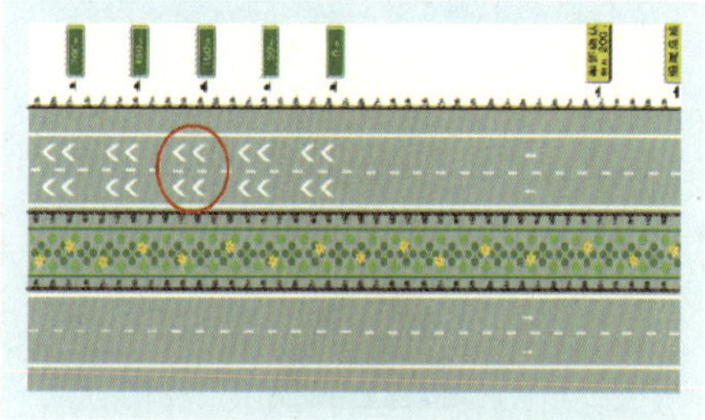

A. 减速行驶线　B. 车速确认线

C. 车距确认线　D. 路口减速线

129. 中心黄色虚线属于哪一类标线？

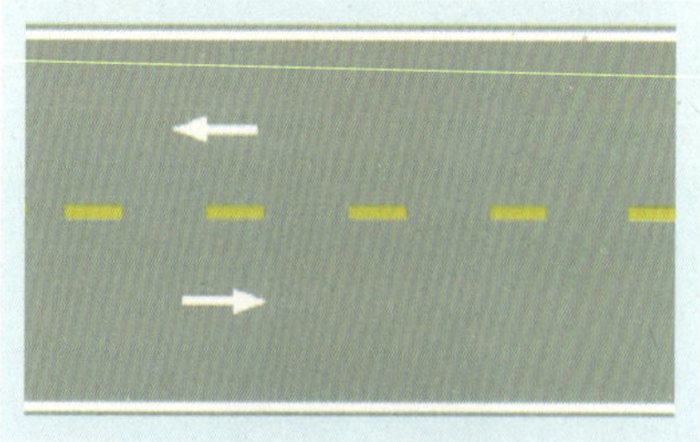

A. 警告标志　B. 指示标线

C. 禁止标线　D. 辅助标线

130. 这个标志是何含义？

A. 合流诱导标志　B. 分流诱导标志

C. 转弯诱导标志　D. 线形诱导标志

131. 这个标志的含义是什么？

A. 注意落石　B. 傍山险路

C. 注意滑坡　D. 下陡坡

132. 这个标志的含义是什么?

A. 左侧绕行　　B. 左右绕行

C. 右侧绕行　　D. 禁止绕行

133. 这个标志的含义是什么?

A. 限制宽度

B. 限制高度

C. 解除限制宽度

D. 限制桥宽

134. 这个标志的含义是什么?

A. 只准一切车辆靠右侧道路行驶

B. 只准一切车辆靠右侧停车

C. 只准一切车辆向右转弯

D. 只准一切车辆靠左侧道路行驶

135. 这个是禁止通行标志。

136. 这个是向右转弯标志。

137. 如图所示，白色左转导向虚线表示左转的机动车在导向线的右侧行驶。

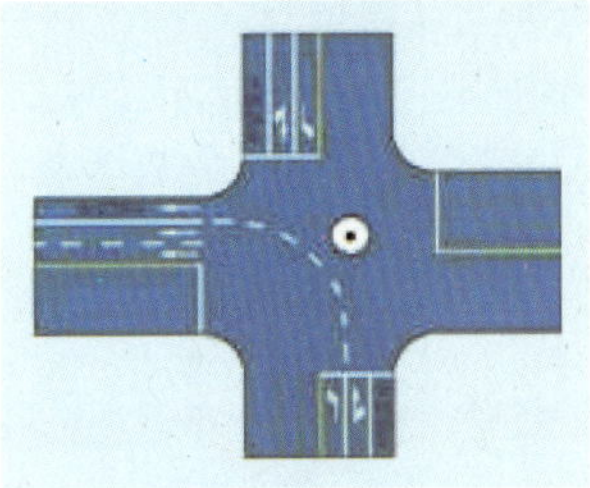

138. 如图所示，路面上施划的导向箭头线表示车辆应该行驶的方向。

139. 如图所示，中心圈用以区分车辆大、小转弯，及交叉路口车辆左右转弯的指示，车辆不得压线行驶。

140. 这个标志的含义是什么?

A. 两侧变窄　　B. 左侧变窄

C. 右侧变窄　　D. 减速

141. 这个标志的含义是什么?

A. 顺序行驶

B. 反向弯路

C. 环形交叉路口

D. 绕行

142. 这个标志的含义是什么?

A. 禁止借道行驶　　B. 禁止超车

C. 解除禁止超车　　D. 准许超车

143. 这个标志表示该车道是什么车道?

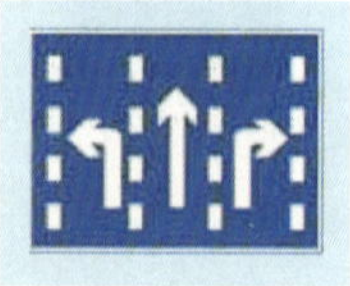

A. 直行和左转弯车道

B. 转弯直行车道

C. 分向行驶车道

D. 直行和右转弯车道

144. 如图所示，白色菱形图案的含义是什么?

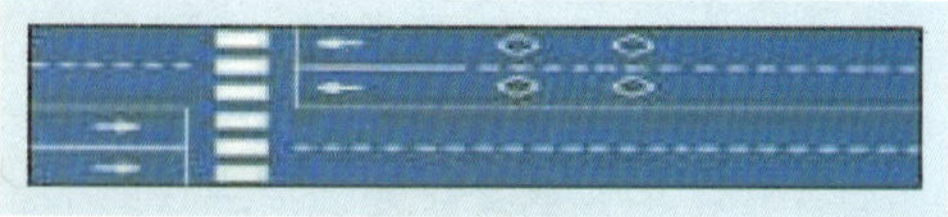

A. 减速让行线

B. 人行横道预告标示

C. 减速让行线

D. 禁驶区标线

145. 图中警察手势为减速慢行信号。

146. 这个标志是何含义?

A. 十字交叉路口预告

B. 道路分岔处预告

C. 分道信息预告

D. 地点和距离预告

147. 这个标志是何含义?

A. 只准直行　　B. 单行路

C. 禁止直行　　D. 直行车道

148. 机动车仪表板上（如图所示）亮表示什么?

A. 洗涤液不足　B. 冷却系故障

C. 冷却液不足　D. 制动液不足

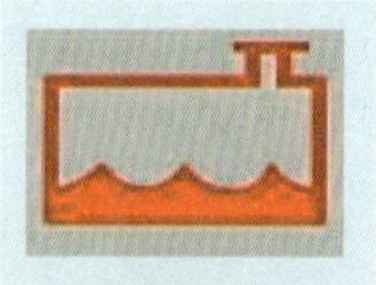

149. 在这段道路上，只要不影响其他车辆通行的前提下可以掉头。

150. 在这条车道行驶，最低车速是多少？

A. 100km/h　　B. 110km/h

C. 90km/h　　D. 60km/h

151. 这个标志是什么含义？

A. 公交线路专用车道

B. 大型客车专用车道

C. 多乘员车辆专用车道

D. 快速公交系统专用车道

152. 路面上的白色标线是何含义？

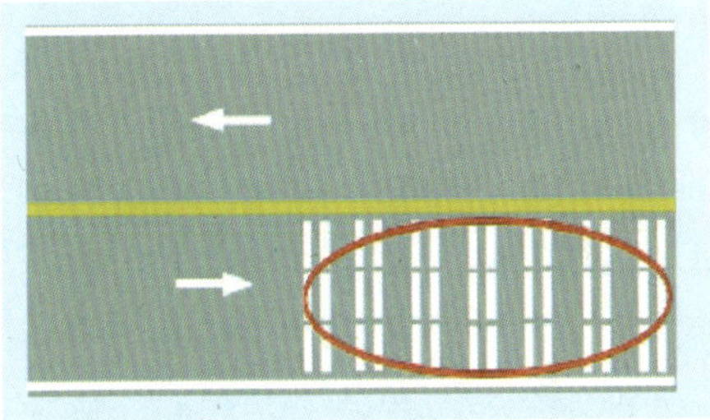

A. 道路施工提示标线

B. 车道变少提示标线

C. 车行道横向减速标线

D. 车行道纵向减速标线

153. 找出这辆故障车有哪种违法行为？

A. 没有将车停到路边

B. 没有设置警告标志

C. 没有开启危险报警闪光灯

D. 没有立即排除故障

154. 在路口遇这种情形怎样通行？

A. 鸣喇叭告知让行　B. 直接加速转弯

C. 让左方来车先行　D. 减速缓慢转弯

155. 图中标志表示机动车驶入前方道路的______。

A. 平均时速限制　B. 最低时速限制

C. 解除最低限速　D. 最高时速限制

156. 图中标志的含义是______。

A. “T”型路口　B. 此路不通

C. 交叉路口　D. 停车场

157. 图中标志是______，用于引导车辆驾驶人改变行驶方向。

A. 合流诱导标　B. 线形诱导标

C. 分流诱导标　D. 交叉口诱导标

158. 图中标志的含义是______。

A. 左侧通行　B. 右侧通行

C. 禁止通行　D. 两侧通行

159. 图中黄色标线的含义是______。

A. 划分同方向的车行道

B. 表示道路边缘

C. 准许车辆跨线超车

D. 禁止车辆跨线超车或压线行驶

160. 图中警察手势为______信号。

A. 示意车辆靠边停车

B. 减速慢行

C. 变道

D. 停止

161. 图中警察手势为______信号。

A. 左转弯　B. 停止

C. 右转弯　D. 示意车辆靠边停车

答案部分

1. ×	2. ×	3. ×	4. ×	5. √
6. ×	7. ×	8. ×	9. √	10. ×
11. √	12. ×	13. √	14. √	15. √
16. √	17. √	18. √	19. ×	20. √
21. ×	22. ×	23. ×	24. ×	25. ×
26. √	27. √	28. √	29. ×	30. ×
31. ×	32. ×	33. √	34. ×	35. √
36. ×	37. ×	38. √	39. ×	40. ×

41. √	42. √	43. √	44. ×	45. ×
46. √	47. √	48. √	49. √	50. ×
51. ×	52. A	53. D	54. A	55. C
56. A	57. A	58. A	59. D	60. B
61. ×	62. D	63. A	64. B	65. B
66. A	67. C	68. D	69. B	70. A
71. A	72. C	73. A	74. D	75. A
76. D	77. A	78. B	79. B	80. D
81. A	82. C	83. C	84. C	85. A
86. A	87. C	88. C	89. A	90. B
91. C	92. B	93. D	94. A	95. B
96. D	97. D	98. D	99. D	100. √
101. ×	102. ×	103. C	104. C	105. √

106. A	107. A	108. B	109. D	110. A
111. B	112. D	113. C	114. C	115. C
116. D	117. B	118. D	119. D	120. C
121. C	122. A	123. B	124. C	125. C
126. C	127. C	128. C	129. B	130. D
131. A	132. B	133. A	134. A	135. ×
136. ×	137. ×	138. √	139. √	140. B
141. C	142. B	143. C	144. B	145. √
146. A	147. A	148. C	149. √	150. A
151. A	152. C	153. B	154. C	155. B
156. B	157. B	158. D	159. D	160. B
161. D				

常用交通标志与标线

1. 警告标志

十字交叉	T形交叉	T形交叉	T形交叉	环形交叉	向左急弯路	向右急弯路
交叉路口标志					反向弯路	连续弯路
连续弯路	上陡坡	下陡坡	连续下坡标志	两侧变窄	右侧变窄	左侧变窄
注意残疾人标志	窄桥	双向交通	注意行人	注意儿童	注意牲畜	注意信号灯
注意野生动物标志		路面高突标志	路面低洼标志	建议速度标志	隧道开车灯标志	注意潮汐车道标志
注意落石	注意落石	注意横风	傍山险路	傍山险路	堤坝路	堤坝路
易滑堤坝路	村庄	隧道	渡口	驼峰桥	路面不平	过水路面
有人看守铁路道口	无人看守铁路道口	叉形符号	斜杠符号	斜杠符号	斜杠符号	注意非机动车
事故易发路段	慢行	左右绕行	左侧绕行	右侧绕行	施工	注意危险
注意保持车距标志	十字平面交叉	丁字平面交叉	注意合流标志		避险车道标志	
注意路面结冰	注意雨（雪）天	注意雾天	注意不利气象条件	注意前方车辆排队标志		

2. 禁令标志

禁止通行	禁止驶入	禁止机动车通行	禁止载货汽车通行	禁止三轮机动车通行	禁止大型客车通行	禁止小型客车通行
禁止汽车拖、挂车通行	禁止拖拉机通行	禁止农用运输车通行	禁止二轮摩托车通行	禁止某两种车通行	禁止非机动车通行	禁止畜力车通行
禁止人力货运三轮车通行	禁止人力客运三轮车通行	禁止人力车通行	禁止电动三轮车驶入标志	禁止运输危险物品车辆驶入标志	禁止行人通行	禁止向左转弯
禁止向右转弯	禁止直行	禁止向左向右转弯	禁止直行和向左转弯	禁止直行和向右转弯	禁止掉头	禁止超车
解除禁止超车	禁止车辆临时或长时停放	禁止车辆长时停放	禁止鸣喇叭	限制宽度	限制高度	限制质量
限制轴重	限制速度	解除限制速度	停车检查	停车让行	减速让行	会车让行
海关标志	区域限制速度	区域限制速度解除	区域禁止长时停车	区域禁止长时停车解除	区域禁止停车	区域禁止车解除

3. 指示标志

直行	向左转弯	向右转弯	直行和向左转弯	直行和向右转弯	向左和向右转弯
靠右侧道路行驶	靠左侧道路行驶	立交直行和左转弯行驶	立交直行和右转弯行驶	环岛行驶	单行路（向左或向右）

（续）

单行路（直行）	步行	鸣喇叭	最低限速	干路先行	会车先行

人行横道	右转车道	左转车道	直行车道	直行和右转合用车道	直行和左转合用车道

允许掉头	掉头和左转合用车道	分向行驶车道	分向行驶车道		公交线路专用车道

机动车行驶	机动车车道	非机动车行驶	非机动车车道	快速公交系统（BRT）专用车道标志	多乘员车辆（HOV）专用车道标志

停车位标志					

4. 指路标志

清 远	昆仑山口 海拔 2247	广东界	神岗道班 狮岭道班
地名	著名地点	行政区划分界	道路管理分界
G105	S203	X08	Y002
国道编号	省道编号	县道编号	乡道编号
新街口外大街	新外街大口街	杏坛路	师大北路
街道名称标志			
123 南 192 西土城路 193 北 220		南直路 2 km 八一路 15 km G101 25 km	
路名牌		地点距离标志	露天停车场

地点识别标志			室内停车场

错车道标志	人行天桥	人行地下通道	残疾人专用设施标志

（续）

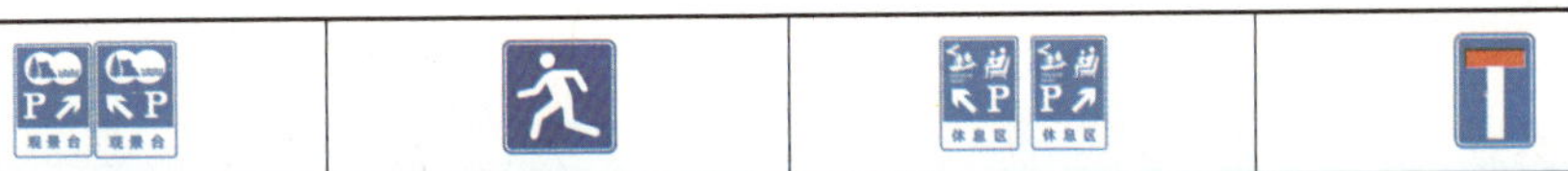			
观景台标志	应急避难设施（场所）标志	休息区标志	此路不通标志

交叉路口预告	交叉路口预告	起点标志	终点预告标志

大交通量的四车道及以上公路交叉路口预告		箭头杆上标识公路编号、道路名称的公路交叉路口预告	

十字交叉路口	十字交叉路口	十字交叉路口	十字交叉路口

环形交叉路口		分岔处	
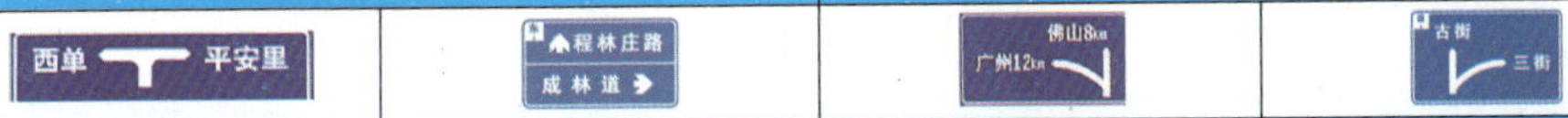			
丁字交叉路口	丁字交叉路口	丁字交叉路口	丁字交叉路口
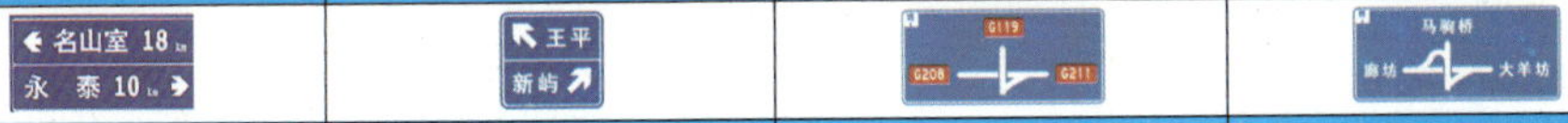			
丁字交叉路口	Y 型交叉路口	互通式立交	互通式立交

5. 旅游区标志

旅游区方向	旅游区距离	问询处	徒步	索道

野营地	营火	游戏场	骑马	钓鱼

高尔夫球	潜水	游泳	划船	冬季游览区

滑雪	滑冰	滑雪		

6. 辅助标志

7:30 - 10:00	7:30 - 9:30 16:00 - 18:30	除公共 汽车外		
时间范围	时间范围	除公共汽车外	机动车	货车
货 车 拖拉机	私人专属	↑ ↔ ↗ ↖	→ ← ↱ ↰	200m
货车、拖拉机	私人专属	行驶方向	行驶方向	距离某地 200m
长度 5km	200m↑	←100m	←50m|50m→	100m→
长度	向前 200 米	向左 100 米	向左、向右各 50 米	向右 100 米
二环路 区域内	学 校	海 关	事 故	坍 方
某区域内	学校	海关	事故	坍方
教练路线	考试路线	校车停靠站点	←100m 7:30 - 18:30	
教练路线	考试路线	校车停靠站点	组合	

7. 交通标线

（1）指示标线

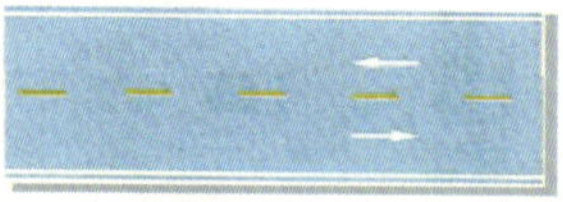
可跨越对向车行道分界线

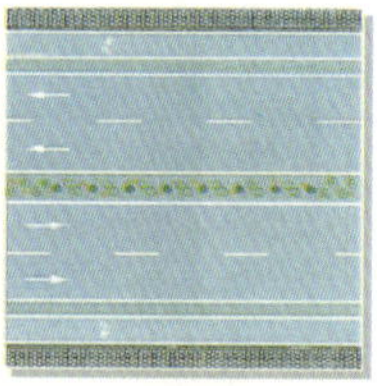
可跨越同向车行道分界线

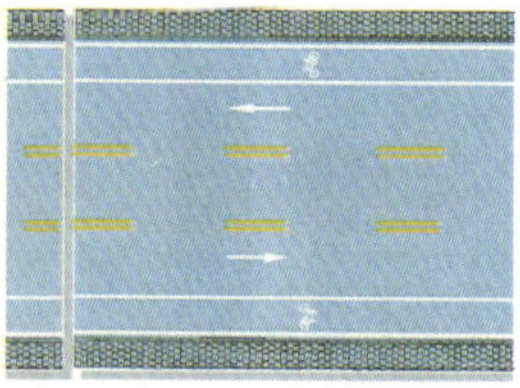
潮汐车道线

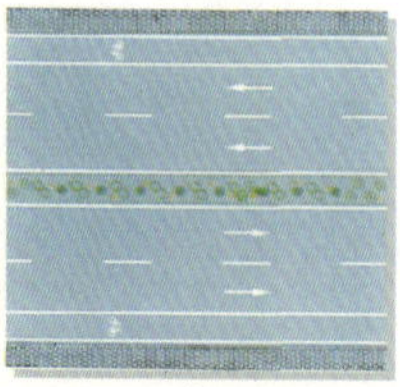
车行道边缘白色实线

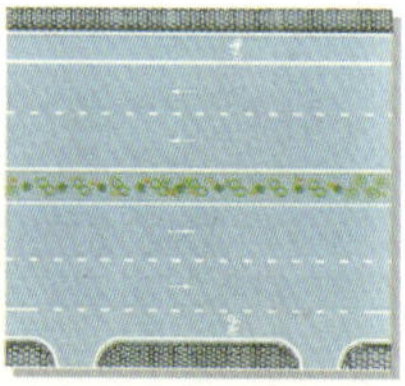
车行道边缘白色虚线

车行道边缘白色虚实线

黄色单实线车行道边缘线

左弯待转区线

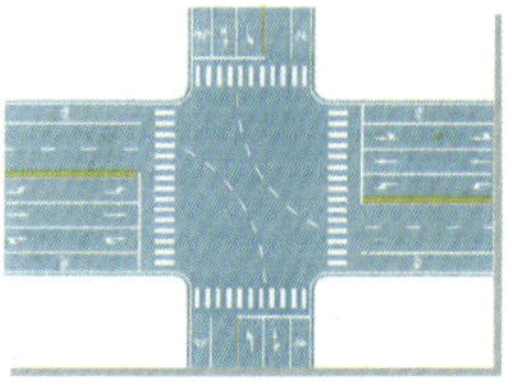

路口导向线

导向车道线

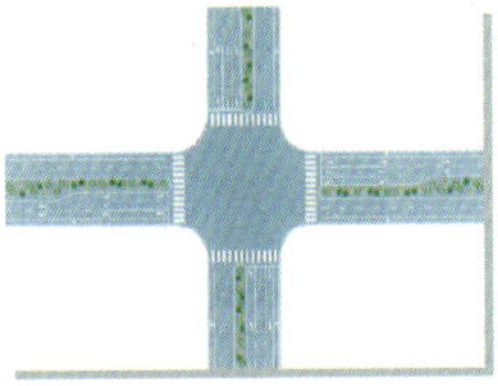

与道路中心线垂直的人行横道线

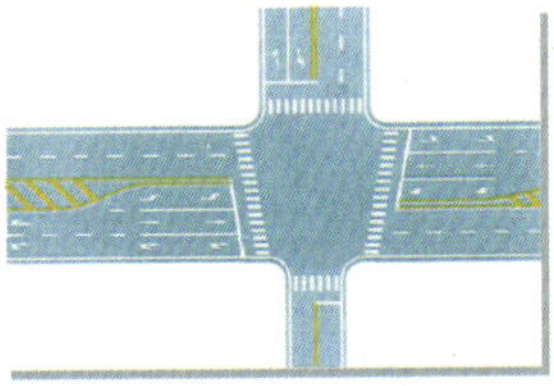

与道路中心线斜交的人行横道线

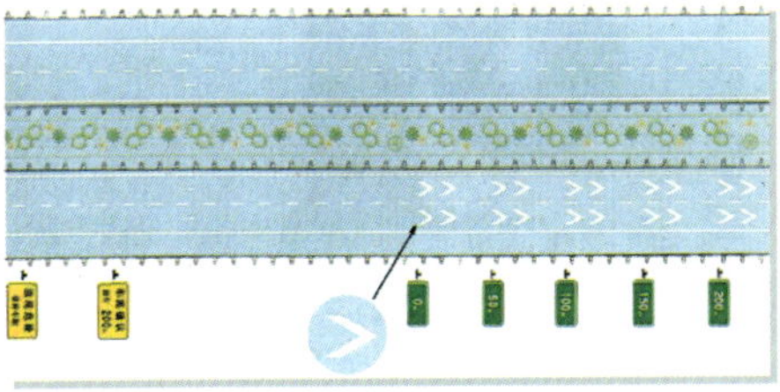

白色折线车距确认标线

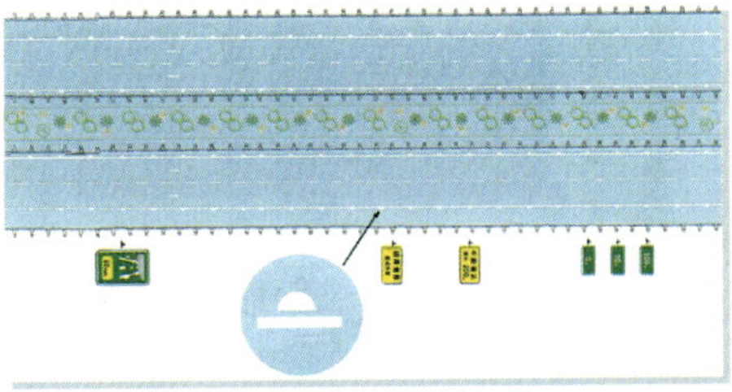

白色半圆状车距确认标线

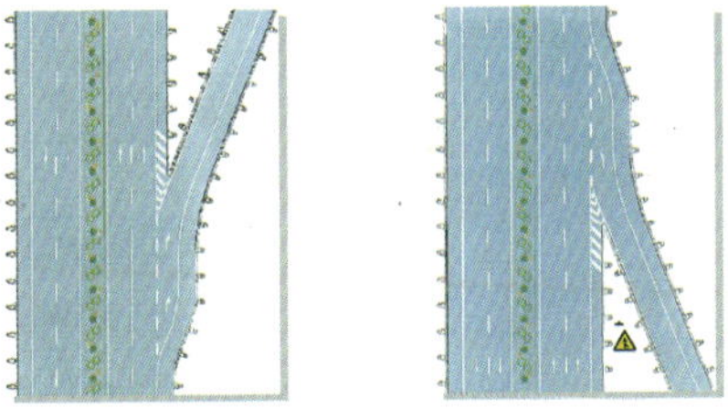

道路出入口标线

（2）禁止标线

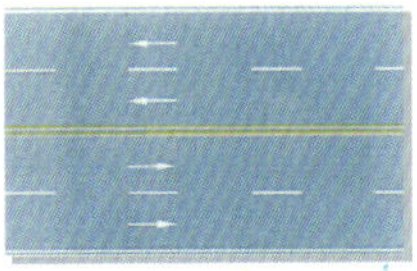

双黄实线禁止跨越对向车行道分界线

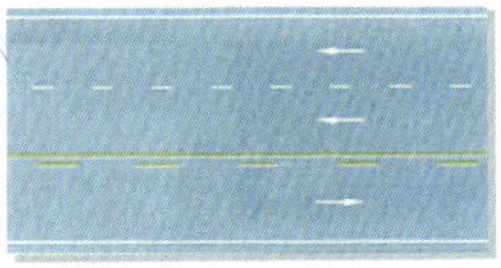

黄色虚线禁止跨越对向车行道分界线

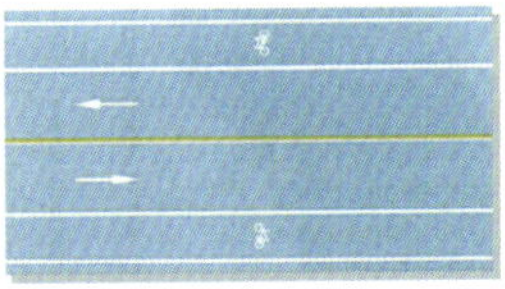

单黄实线禁止跨越对向车行道分界线

禁止跨越同向车行道分界线

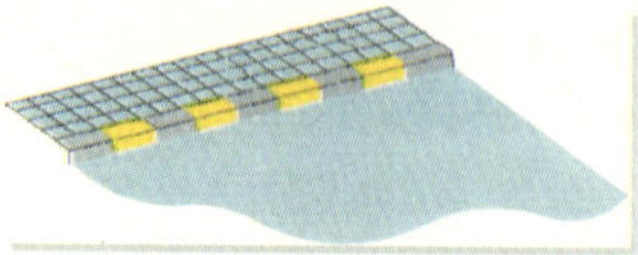

禁止长时停车线

禁止停车线

禁止停车线用以指示禁止路边停、放车辆。

（3）警告标线

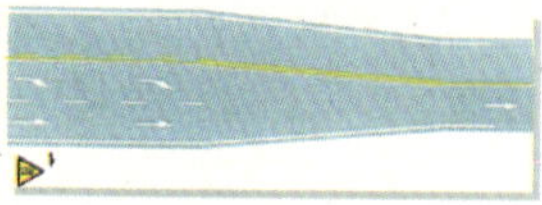

三车行道变为双车行道渐变段标线

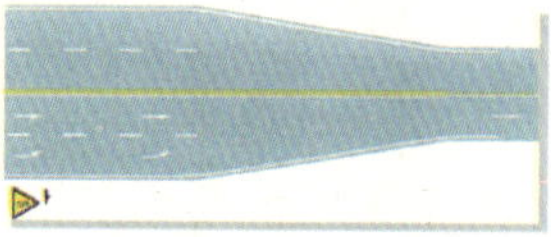

四车行道变为双车行道渐变段标线

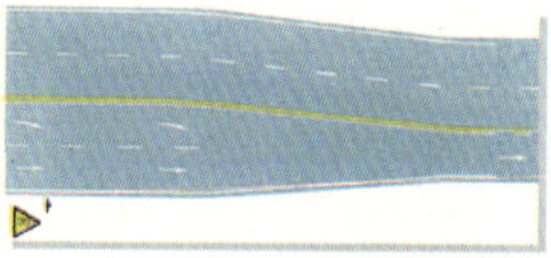

四车行道变为三车行道渐变段标线

三车行道道路填充线
渐变段标线

两车行道变为四车行道
填充线渐变段标线

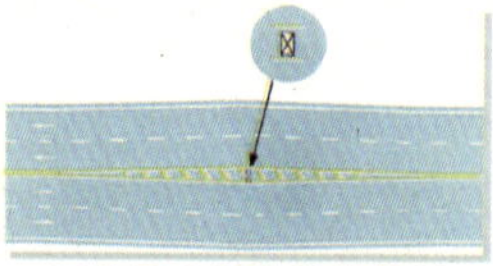

双向两车行道道路接近
道路中心障碍物标线

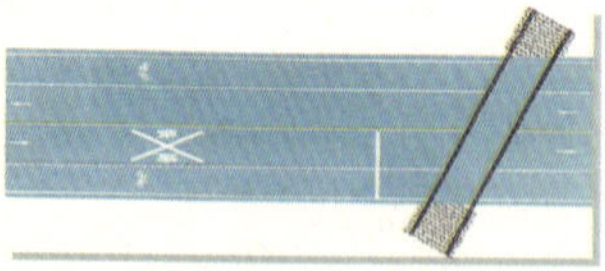

铁路平交道口标线

收费广场减速标线

车行道横向减速标线

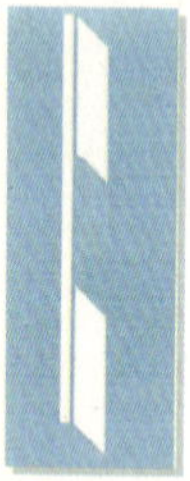

车行道纵向减速标线

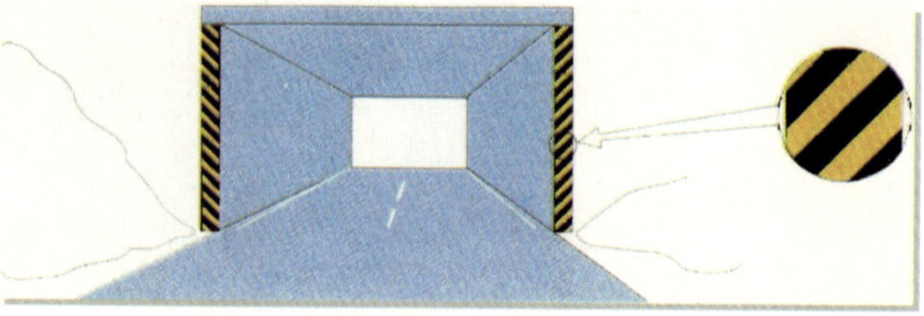

立面标记